以评促教：构筑教师专业发展的基石

YI PING CU JIAO
GOUZHU JIAOSHI ZHUANYE FAZHAN DE JISHI

魏晋河 著

图书在版编目（CIP）数据

以评促教 ：构筑教师专业发展的基石 / 魏晋河著. 兰州 ：兰州大学出版社，2025. 8. -- ISBN 978-7-311-06972-8

Ⅰ. G625.1

中国国家版本馆 CIP 数据核字第 20255GC896 号

责任编辑　戴　尧
封面设计　汪如祥

丛 书 名　以评促教：构筑教师专业发展的基石
作　　者　魏晋河　著
出版发行　兰州大学出版社　（地址:兰州市天水南路222号　730000）
电　　话　0931-8912613(总编办公室)　0931-8617156(营销中心)
网　　址　http://press.lzu.edu.cn
电子信箱　press@lzu.edu.cn
印　　刷　甘肃发展印刷公司
开　　本　710 mm×1020 mm　1/16
成品尺寸　170 mm×240 mm
印　　张　10.5
字　　数　150千
版　　次　2025年8月第1版
印　　次　2025年8月第1次印刷
书　　号　ISBN 978-7-311-06972-8
定　　价　36.00元

从单向评判到立体生长(序言)

教育评价是教育改革的核心环节，而教师评价作为其中的关键一环，直接关系到教育质量的提升与教师队伍的专业化发展。在“双减”政策落地、核心素养培养成为教育主线的时代背景下，传统“以分数论成败”的教师评价模式已难以适应教育现代化的需求。本书立足实践，用系统性思维解构教师评价改革的时代命题，既回应了基础教育改革的迫切呼唤，也为构建科学评价体系提供了理论框架与实践路径。

全书以“问题意识”为牵引，呈现出严密的研究逻辑与完整的闭环结构。首先，作者通过文献梳理与概念辨析，揭示了教师评价改革的现实意义；其次，抽丝剥茧地剖析了当前存在的关键问题——从评价目标的偏移到评价方法的效度危机，从评价关系的功利异化到专业发展支撑的缺位，深刻呈现出变革的必然性。最后，尤为可贵的是，本书第四章基于实验区的实证调研，通过量化数据与质性分析的双重视角，实现了从理论思辨到现实论证的跨越，最终提出的改革要素体系，突破性地建构了区域、学校、教师、学生、家长五方协同的立体化模型，将制度设计、专业自觉、多主体参与形成有机整体，体现了教育评价改革的系统观。

本书的突出特点在于三组关系的平衡：其一，理论建构与实践探索的统一，既包含对教育评价理论的深化拓展，又依托大量一线问卷、案例样表等原始材料（详参附录），使研究具有扎实的田野基础；其二，批判精神与建设导向的结合，在对现有制度的反思中始终秉持解决问题的务实态度；其三，专业性与可读性的兼顾，概念阐释深入浅出，实例分析生动贴切，真正实现了学术性与普及性的和谐统一。特别值得关注的是本书的第五章，创新性地提出从不同责任主体的能动性出发，分解改革任务。这不仅体现了教师在“双减”政策背景下的赋权增能理念，而且确立了评价体系重构过程中“共建共享”的民主机制。

本书的启示价值远超教师评价领域本身。本书在方法论层面，展示了教育政策研究中“循证实践”的典型范式；在价值立场层面，彰显了“以评促教、以评育师”的人文关怀。本书既可为教育行政部门制定评价政策提供决策参考，也可为学校管理者优化评价方案提供“工具箱”，同时为一线教师实现专业成长提供行动指南。当教育改革进入深水区，如何让教育评价真正成为撬动教师发展的支点，本书无疑交出了一份富有启示性的答卷。

是以为序。

魏晋河

2025年6月于兰州

目 录

第一章 绪 论

教师评价是教育评价领域的重要组成部分，与学校评价、课程评价、学生评价一样，在教育发展的过程中起着非常重要的作用，并且直接关系到学校的办学质量和教师的专业发展。《中国教育改革和发展纲要》指出："振兴民族的希望在教育，振兴教育的希望在教师。"教育工作者是学校育人工作的核心执行者，其专业素养与职业能动性直接影响着现代化人才培养的实效性。构建科学完善的教师评估体系，对促进教师专业发展、优化教育教学实践、建设德才兼备的师资队伍具有显著的现实价值，是实现教育提质增效的重要保障机制。

近年来，学界在教师评价研究领域取得显著进展，相关理论专著与学术论文数量呈现快速增长态势，研究范畴已覆盖学生发展性评价、教师专业评价、课程质量评价等多个维度。具体而言，现有的研究既包含教育评价学理层面，也涉及评价主体、方法论、指标建构等应用性探讨。值得注意的是，当前教师评价研究存在明显的理论化倾向：一是多数成果聚焦于评价理论的范式探讨，习惯采用思辨性研究方法，导致研究成果与实际教育场域存在一定程度的脱节；二是研究过程普遍缺乏实证调查，对评价对象的主体体验关注不足，特别是对基础教育阶段的重要构成——小学教师群体的评价现状研究最为薄弱。

在基础教育阶段，小学教育具有特殊的价值定位。小学作为国民教育体系的奠基阶段，小学教育质量直接影响个体终身发展。小学教师承担着知识启蒙者的重要角色，其教育教学行为对学生成长具有长效性、持续性的影响。相较于其他学段教师，小学教师须具备复合型知识结构，在掌握学科知识的同时更需要通识素养的积淀。因其工作对象具有显著的年龄特殊性，要求教育者不仅要具备专业能力，而且需投入充沛的情感关怀与教育智慧。因此，针对小学教师的评价体系亟须构建差异化标准。本书通过实证研究，揭示现有评价机制的实践困境，探索符合基础教育特征的教师发展性评价模式，对提升教师队伍质量、促进基础教育高质量发展具有重要的现实意义。

一、教师评价概念的界定

（一）教育评价理论

陶西平先生在其主编的《教育评价辞典》中指出，教育评价的本质是对客体价值属性的科学辨识过程。该过程基于预设的价值准则，通过系统性采集多维数据，对评价客体的质量属性、发展水平及社会效能进行综合价值研判。现代教育评价理论奠基人拉尔夫·泰勒（Ralph W. Tyler）则从行为科学视角阐释其核心要义，强调“评价实质上构成了教学行为的动态化验证机制，旨在系统化衡量既定教育目标的行为转化成效”。

（二）教师评价

目前，学界比较有代表性的教师评价观点有以下几种。

1. 教师评价就是依据学校的培养目标和人民教师的根本任务，运用现代教育评价的理论和方法对教师个体的工作质量进行价值判断。

2. 教师评价就是按照一定的价值标准，对教师的教育教学活动及相关因素进行系统描述，并作出相应的价值判断。

3. 教师评价是对教师工作现实的或潜在的价值作出判断的活动。

4. 教师评价是评价主体通过系统采集与整合分析相关数据，运用既定指标体系对教师的特定属性进行事实性分析与价值性评估的专业活动。其核心在于将评估结论反馈至教育实践系统，通过动态调整教学策略实现效能最大化，形成持续改进的循环机制。

综合现有研究，学界普遍认可教师评价的本质属性是价值判断。然而，前3种研究范式侧重对教师历史绩效进行描述性评定，聚焦既定工作成果的量化呈现，本质上属于以结果为导向的终结性评价体系。这种回溯式评定机制局限于对过往表现的静态考察，缺乏对教师专业成长的前瞻性引导。相较而言，第4种理论范式构建了双重评价维度：既包含对既往业绩的价值判定，又强调将评估结果转化为改进教育实践的决策依据。这种发展性评价模型突破时间维度的限制，通过建立历史表现与未来发展的关联机制，使教师专业能力实现螺旋式上升。正是基于该理论对教师可持续发展的支持作用，本研究采纳这一综合性评价框架作为理论支点。

二、教师评价发展的阶段

（一）教师评价及其研究的缘起

教师评价并不是什么新的活动，一般来说，自学校产生的时候起就有教师评价的活动了。作为一种日常提高教师与学校教育管理效率的活动，现代教育评价体系的学科建构始于20世纪初期。该领域的理论奠基可追溯至1933年至1940年间，由美国教育学家泰勒领衔的“八年研究计划”，这一具有里程碑意义的系统化探索标志着教育评价理论的正式确立。值得关注的是，《史密斯—泰勒报告》首次将教师评价纳入教育质量评估的九大核心构成要素。我国教师评价制度虽发轫于20世纪60年代，但实质性规范化建设直至20世纪80年代方步入正轨。这一研究领域的兴起主要受四重动因驱动：一是公众教育认知的深化推动质量诉求升级；二是国家教育治理体系对教学效能的政策聚焦；三是教学场域中师生主体关系的动态重构；四是工业化时代人力资源管理范式的迁移效应。

（二）教师评价的演进轨迹

从全球范围来看，教师评价的理论建构与实践应用普遍滞后于整体教育评价体系的发展。以英美等国为例，其评价体系的规模化推进主要源于社会对教育效能的问责需求，本质上是教育行政机构对教学投入产出效益的管控手段。此类侧重效能核验的评价范式，学界通常将其界定为传统教师评价模式。该模式聚焦教师既往工作绩效的终结性评估，评价结果往往与人事决策直接关联。其核心特征是强调组织目标达成度，强化管理权威性，着重考察教师的工作效能、创新成果及目标完成度。在特定历史阶段，该模式对扭转教师群体存在的职业倦怠现象具有积极作用，通过明确绩效目标，能有效激发教师的工作动能，促进教育教学改革实践。然而随着教师专业化理念的演进，这种奖惩导向的评价模式逐渐显露出负面效应，学界普遍认为，其缺陷已超过积极作用。

20世纪80年代后期，以英国为策源地的西方教育体系率先开启评价范式转型，构建去奖惩化的发展型教师评估机制。该模式作为前沿评价理论，现已被引入我国教育实践领域进行本土化探索。需特别指出的是，这种制度设计是基于对教师群体的理想化职业伦理预设，即假设教育从业者具有持续的专业发展内驱力与高度教学自主性。实证研究显示，尽管该模式在英国推行初期获得教师群体的普遍认同，却因理论预设与教育现实的张力导致实施效能衰减，最终陷入系统性实践困境。我国在新型教师评价体系构建的过程中，创造性地吸纳了英国发展性评价的核心理念，着重强化评价对教学专业化的赋能作用，并取得阶段性成果。但现行评价体系仍存在双重价值取向，多数教育机构尚未彻底摆脱绩效考核的传统功能。当前，教育学界已达成共识，确立以专业成长为主导、兼顾阶段成果检验的复合型评价框架。

（三）教师评价理论的演进轨迹

教育评价体系的专业化进程始于20世纪中叶。20世纪50年代，规范化评价制度确立，这是教师评价理论发展的重要节点。20世纪70年代，随着学校评价系统的普遍建制化，该领域的研究进入高速发展期。至20世纪90

年代，评价模型构建与方法论创新呈现爆发式增长。我国教师评价研究存在显著的后发特征，即20世纪60年代萌芽，20世纪80年代形成制度化评估体系。通过国际比较研究的视角审视，全球教师评价理论的演进可系统地划分为三个递进阶段：

第一代奠基（20世纪中叶至70年代）：制度化与科学化奠基。

此阶段可追溯至泰勒的“目标评价模式”（20世纪40至50年代），即“测定目标达成度”，奠定了教育评价的科学化基础。教师评价被纳入教育目标框架，核心任务是通过量化指标（如学生成绩、课堂纪律）判断教师是否有效完成教学任务，其结果常常用于决定教师的留任、晋升与奖惩等。在评价的内容上，关注教学过程的每一个环节，是一种终结性评价，评价内容片面关注“教的结果”，忽视教师专业成长需求，评价过程缺乏教师参与，被批评为“非人性化”和“工具化”。

第二代转型（20世纪80至90年代）：发展型评价机制。

该阶段突破单一效能框架，转向教师职业成长支持系统。这种具有过程性诊断功能的形成性评价机制，着力于教学行为分析与专业能力的提升。学界曾尝试构建“效能—发展”的二元整合框架，但遭遇了理论与实践的双重困境。因此，评价功能的价值悖论至今仍是教育管理学的重要命题。

第三代突破（20世纪80年代至今）：专业化导向评价范式。

伴随教师专业主义思潮的兴起，评价理论发生范式革命。该阶段主张尊重教师的专业自主权，倡导基于专业共同体标准的评价体系。其理论根基根植于专家型教师与新手教师的差异化研究，评价焦点转向教学专长（Expertise）的识别与培育，标志着评价理论从工具理性向专业理性的深刻转向。

我国教师评价体系的演进呈现出明显的阶段性特征。早期评价体系主要聚焦于教学结果的量化考核，对教育教学过程的系统性关注相对不足。随着教育理念的革新，现代教师评价逐渐转向对专业能力发展的全过程追踪。

我国中小学教师评价体系的发展可分为四个重要阶段：1949—1977年为制度萌芽期，这一阶段尚未形成规范化的评价体系。1966—1976年，评价工作一度停滞。1978—1984年，在改革开放初期，评价体系开始复苏，以高考升学率为核心指标的考核机制成为主流，民办教师群体成为早期评价的主要对象。1985年，《关于教育体制改革的决定》颁布，标志着教师评价进入制度化建设阶段。次年，《中华人民共和国义务教育法》实施，配套出台《中小学教师资格证书考核试行办法》，首次确立了教师任职资格的量化标准，推动评价工作走向规范化。

20世纪90年代，《中华人民共和国教师法》的施行，构建起教师评价的法律框架。1991年，《教育督导条例》的发布，标志着涵盖教学督导、业务考核、职称评定的立体化评价体系初步形成。这一时期形成了“业务能力—工作绩效—专业职称”三位一体的评价模式，既注重教学成果的量化考核，也开始关注教师专业发展的可持续性。

进入21世纪后，新课程的改革推动评价理念发生根本性转变。2009年，职称制度改革试点启动，打破了中小学教师职称分立的传统格局。2015年，《关于深化中小学教师职称制度改革的指导意见》出台，正式建立起统一的中小学教师职称体系，增设正高级职称并优化评审机制，形成了“初级—中级—高级”的完整晋升通道。新的评价体系强调发展性导向，注重教学过程性记录与个性化专业发展规划，构建起包含自我评价、同行评议、学生反馈的多元评价机制。

纵观教师评价四十余年发展历程，我国教师评价体系实现了从单一结果导向向多维发展导向的转变，从行政主导的考核机制向专业导向的发展机制转型，既保持了对教育质量的有效监控，又为教师专业成长提供了制度保障。

从实践维度分析，教师评价体系的研究框架主要涵盖六大核心要素：评价功能定位、评价学理基础、评价指标建构、评价主体构成、评价方法体系及评价范式研究。

1.评价功能定位研究

教育评价的功能定位指向其实施预期达成的社会效益与专业价值。正如哲学视角下的实践理性所揭示的那样，功能定位作为价值导向，指引着评价活动的全过程。具体到教师评价领域，其功能定位呈现多元化特征。

学界存在三种代表性观点：第一，认定评价具有鉴定功能，通过定性与定量分析对教师专业素养、教学过程及教育成效进行价值判断，为职称评审、岗位聘任、绩效管理等提供决策依据；第二，强调评价的诊断功能，主张构建科学的评价模型以准确评估教学质量，既为教师专业发展提供反馈，也为教育行政部门优化师资建设提供数据支撑；第三，聚焦评价的发展功能，认为评价的核心价值在于促进教师专业成长与教育质量提升三重维度的协同发展。

2.评价学理基础研究

现行研究主要形成了四大学理范式：其一，质量导向范式。该范式以教师专业标准为基准，通过构建优质教师素质模型确立评价标准。具体实施路径包括专家咨询法（如美国国家专业教学标准委员会提出的五维专业标准）和需求调查法（如中美日三国联合开展的“学生期望型教师特质”实证研究）。其二，目标导向范式。将教育目标的达成度作为核心评价指标，强调预设目标对教学过程的导向作用及与评价反馈的耦合机制。其三，心理科学范式。以教育心理学原理为评价依据，重点考察教学行为与已验证心理学规律的契合度。其四，职责本位范式。学界通过解构教师专业职责构建评价标准，但受限于教师角色定位的动态复杂性，尚未形成普遍共识的职责框架。

3.评价指标建构研究

我国在20世纪80年代至20世纪90年代的研究重点聚焦于评价指标体系的科学化建设。对比研究发现，中外指标建构存在显著差异：我国的评价体系强调出勤率与工作量等显性量化指标，而英美的评价体系更侧重专业发展维度。评价指标在国际上的研究主要基于四大理论框架：质量导向指标、经验导向指标、职责本位指标及心理科学指标，各体系在长期实践中形

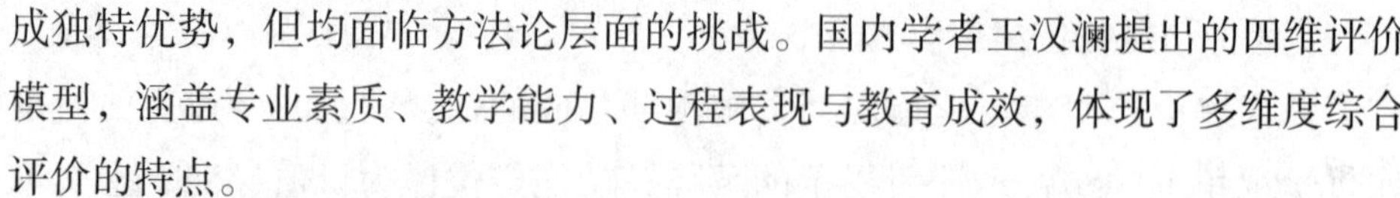

成独特优势，但均面临方法论层面的挑战。国内学者王汉澜提出的四维评价模型，涵盖专业素质、教学能力、过程表现与教育成效，体现了多维度综合评价的特点。

4. 评价主体机制研究

现行评价主体系统呈现多元整合趋势。传统行政主导模式（如英国发展性评价制度强调以管理者为主导）正逐步向协同评价模式转型。王斌华提出主体系统二元模型——单元主体模式和多元主体模式。单元主体模式侧重专家权威评价，存在主体单一、互动不足等局限；多元主体模式则构建"六位一体"评价共同体（专家、行政、同行、教师、学生、家长），通过多维数据采集与协商对话机制，实现评价过程的民主化、专业化与科学化。该模式既能保障评价效度，又能促进评价文化的生态化发展。

5. 评价方法体系研究

评价方法体系是连接评价理论与实践操作的桥梁，其科学性与适切性直接决定评价结果的信度与效度。当前评价方法体系研究呈现传统方法深化发展与新兴技术驱动创新的双重趋势，主要形成三大方法集群：一是量化评价方法的精准化演进。以数据统计与测量技术为核心的量化方法持续优化，从早期基于经验判断的简单量化（如百分制评分、等级评定）转向依托教育统计模型的精准评估。二是质性评价方法的多元化拓展。质性方法突破量化数据的表层描述，致力于捕捉教师实践的情境性与复杂性，形成多种成熟范式，即课堂观察法的升级迭代，深入挖掘教学行为背后的认知逻辑；叙事研究与案例分析法，提炼出"学情诊断—策略调适—效果反哺"的循环改进模式；360度反馈法的本土化改造，有效规避了简单加权平均导致的信息失真。三是混合研究方法的整合创新。随着"第四代评价"理论的传播，混合方法研究（MMR）成为主流趋势，形成"三角互证""嵌套设计""解释序列"等操作模式。三角互证法的应用，弥合了单一方法的视角局限；动态评价工具的开发，推动评价方法从"结果判定"向"过程赋能"转型。评价方法体系的演进本质上是教育认知深化与技术进步的共同产物，未来需在"科学性"与"人文性"之间建立动态平衡，构建兼具

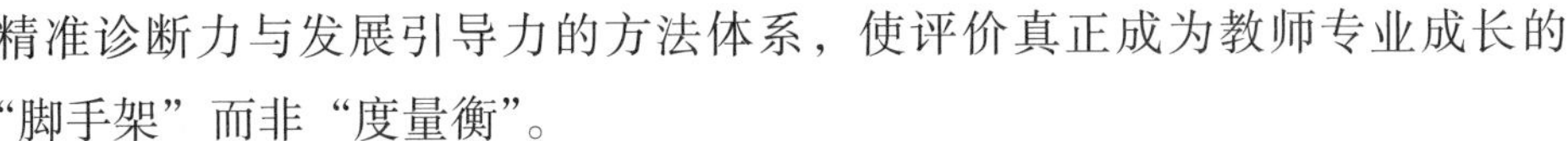

精准诊断力与发展引导力的方法体系，使评价真正成为教师专业成长的“脚手架”而非“度量衡”。

6.评价范式演进研究

陈玉琨系统梳理了三大经典范式：第一，斯克里文的职责本位范式，是基于教师专业职责构建评价标准；第二，科斯塔的认知发展范式，是突破传统观测维度，聚焦内隐教学认知能力的评估；第三，雷德芬的绩效活动范式，是通过在美国学校管理协会的实证研究，建立具有较强实操性的评价模型。三大范式分别从规范标准、认知维度与实践路径三个向度推进了教师评价理论的发展。

王斌华教授在比较教育学研究中，基于制度功能差异构建了教师评价的四维分析框架，将全球范围内的典型评价制度归纳为发展赋能型、科层控制型、自由放任型和奖惩判决型四种理想类型，各类模式在价值取向、运行机制和实践效果方面有显著特征。

发展赋能型评价（Development-Oriented Evaluation），该模式以教师专业成长为核心目标，构建支持性评价生态。即校级管理层扮演“发展伙伴”角色，建立真实性评价原则，注重教师伦理价值与专业能力的协同发展。通过创新同行协作评价机制，实行“评价者—被评价者”结对互助模式，制定个性化专业发展计划。根据OECD于2024年发布的教育报告，实施全员参与式评价，通过民主协商确定评价标准，教师参与度可达75%以上。

科层控制型评价（Hierarchical Control Evaluation），该模式体现了典型的行政管理思维，形成“权力—服从”关系链。即构建金字塔式评价体系，管理层掌握绝对话语权，基层教师处于评价客体地位。采用奖惩驱动机制，将评价结果与绩效工资、职称晋升直接挂钩（如新加坡的“绩效矩阵”制度）。强调组织目标优先，通过量化指标分解实现管理意图，将教学过程简化为可测量的行为集合。

自由放任型评价（Laissez-Faire Evaluation），该模式呈现弱制度化特征，形成自我管理真空，即过度依赖教师个体自觉性。根据国内某省2023年调研数据，制度性评价频率低于年均1.2次。缺乏明确的评价标准与发展规划，38%的教师反馈“不清楚评价目的”（李方强，2024），易导致“马太效应”，15%的骨干教师自发发展，85%的普通教师处于职业停滞状态。

奖惩判决型评价（Judgmental Evaluation），该模式具有鲜明的行政强制性特征。实施“数据驱动”评价，通过课堂观察、学生成绩等12项指标，构建教师能力画像，建立刚性等级制度。如英国的“教师分级制”将教师分为5档，末位5%的教师面临转岗风险。该评价过程缺乏双向沟通，教师满意度仅为39%。

现有研究存在显著的学段特殊性关注不足的问题，具体表现为三个维度的缺失：其一，研究场域过度集中于高等教育机构，据2022年教育评估研究数据，基础教育领域实证研究占比不足12%；其二，现有中小学教师评价研究未充分考量小学教育阶段的特殊教学情境，导致评价标准普适性过强而针对性不足；其三，尽管素质教育改革推动评价理念更新，但根据2023年全国教改调研数据，78.6%的小学教师反馈实际评价仍沿用传统模式，形成“理念悬浮”与“实践惯性”并存的制度性矛盾。这种评价异化现象已引发教师职业倦怠、创新动力抑制等负面效应，亟待建立符合小学教育特性的发展性评价体系。

基于文献计量学视角，当前教师评价研究存在显著的学段研究失衡现象。据2023年CNKI数据库统计，涉及基础教育阶段评价现状的实证研究仅占总量的23.7%，其中专门聚焦小学教师群体的研究不足5%。现有问卷工具的研发多呈现研究取向的异质性特征，典型研究范式如下：

【教师评价研究工具的实证分析】

张成武（2020）在其制度变迁研究中构建了“五位一体”评估框架，通过开发教师评价效能感知量表开展实证研究。该工具设计体现了三个创新维度：其一，采用双重指标检验机制（奖惩效用指数与专业发展指数），测量评价结果的应用效能；其二，通过指标生成主体识别模块，分析评价体系的理论预设与实践偏差；其三，设置评价伦理感知条目，考察评估过程的程序正义性。研究对象聚焦中学教师群体，样本覆盖全国8个省（市）

的132所中学。

该研究数据揭示了当前评价体系存在五维结构性矛盾：①预期目标实现度不足（M=2.34，SD=0.68）；②主体地位虚置现象显著（F=6.72，p<0.01）；③指标认同度偏低（α=0.83）；④过程性评估缺失（占比78.3%）；⑤多元主体价值离散化（ICC=0.42）。针对制度性缺陷，研究提出“双轨协同”改革路径：教学行为与成效的均衡评估机制、教师赋权参与的制度设计、动态指标生成模型、多元主体协商平台，首创性地提出“元评估反馈环”概念。其中，主体赋权机制与元评估体系构成该研究的理论突破点，为后续评价工具的改良提供了重要方法论启示。

【发展性评价田野调查的实证研究】

徐峥（2022）在苏州基础教育场域开展的田野研究中，构建了“现状诊断—认知分析—对策建构”三元分析框架。研究工具采用混合式问卷设计，包含三大核心模块：制度运行现状评估（A模块）、主体认知图谱描绘（B模块）、实践经验萃取（C模块）。A模块通过周期性评估、主体构成、内容维度、方法工具等六个观测点，系统解构区域教师评价的实然状态；B模块创新性采用“封闭式量表+开放式叙事”双轨设计，既量化教师对发展性评价的理论认知水平（*Cronbach's* α=0.82），又质性捕捉教师群体的制度期待；C模块聚焦校本化实践智慧的挖掘，形成可迁移的改革经验库。

该研究揭示了评价体系存在三重制度性梗阻：其一，校际评价自主决策权限受限（决策集中度达73.6%）；其二，教师主体性呈现显著客体化倾向（主体参与指数M=2.15）；其三，理论转化存在“最后一公里”障碍（仅28.4%的教师接触过发展性评价理论）。基于赋权理论与协同治理视角，研究者提出三级改革路径：教育行政部门需从管控者转型为制度环境营造者（角色重构）；学校层面应推进校本化指标体系开发（标准适配）；教师群体通过反思性自评实现专业自觉（主体激活）。该研究的范式价值在于形成“问题诊断—理论借鉴—路径建构”的研究闭环，为区域教育治理现代化提供实证参照。

【教师评价改革区域实践的实证研究】

俞月琳（2021）在湖州基础教育改革场域中，采用混合研究方法构建“双主体三维度”分析模型。研究工具包含教师版与管理者版配套问卷（N=386），辅以深度访谈（N=32），通过三角验证提升研究信效度。问卷设计聚焦四大核心维度：职业生态评估、评价机制解构、专业发展支持度、制度改进诉求。创新性引入“实践关怀指数”测量评价体系的人文属性，设置制度适应性量表检测评价标准与课改要求的匹配度。

该实证数据揭示了现行评价体系存在七维制度性缺陷：①目的维度呈现奖惩异化（功利性导向占比73.6%）；②主体结构呈现行政单极化（管理者决策权重达82.4%）；③方法体系存在量化依赖（质性评估仅占18.3%）；④指标系统存在四重悖论（时效滞后性、主观随意性、标准模糊性、维度单一性）；⑤过程维度呈现诊断性缺失（形成性评价实施率为29.7%）；⑥反馈机制激励效能低下（改进促进指数M=2.08）；⑦制度更新滞后于课改进程（适配度仅占41.5%）。

该研究提出六维协同改进路径：①构建“奖惩—发展”动态平衡机制，强化评价的发展性功能；②建立多元主体参与的“评价治理共同体”；③创新“量性数据+质性叙事”的混合评估范式；④设计“基准标准+个性适配”的动态评价体系；⑤将实践性知识评估纳入指标体系；⑥构建“评价—改进”螺旋上升机制。该研究的理论突破在于创建“三维协同机制”（制度重构、主体赋能、方法创新），特别是实践性知识评估模型的提出，为新时代教师评价改革提供了区域样本。

【民族地区教师评价的实证研究】

董振华（2022）针对新疆巴州基础教育场域，自主研发教师专业发展评估量表开展混合方法研究。该研究严格遵循工具开发规范，实施两轮预测（N=120）完成信效度检验（*Cronbach's* α=0.84，*KMO*=0.78），最终量表包含5个维度23个题项。数据处理采用SPSS 23.0进行探索性因子分析，并运用AMOS 21.0验证结构模型适配度（CFI=0.92，RMSEA=0.06）。对评价制度的功能认知、方法适用性等核心变量进行频次分布统计，针对性别、地域、学科变量实施独立样本 t 检验（$p<0.05$），其余人口学变量采用单因素方差分析（ANOVA）。

实证数据揭示了该地区存在显著的评价制度惯性：①评价目的存在功能异化（选拔功能占比68.3%）；②指标体系呈现双重割裂（真实性指数M=2.31，全面性指数M=2.15）；③方法体系单一化严重（自我评估实施率仅19.4%）；④过程性评估严重缺失（形成性评价占比22.7%）；⑤差异化识别机制空白（个体差异识别率为13.8%）。

该研究基于制度惯性理论与发展性评价框架，构建了五维协同改革框架：①价值重构机制（树立发展性评价理念）；②标准分层体系设计（统一性与差异性的动态平衡）；③方法工具箱开发（形成12种组合式评估策略）；④过程质量监控模块建设；⑤评估者能力认证制度。其中，标准分层体系与方法工具箱构成研究创新点，为民族地区教师评价改革提供技术路径。

【教师专业发展视域下评价机制的实证研究】

侯定凯与万金雷（2023）基于课程改革背景，开展跨区域实证研究。该研究采用分层抽样法，选取沪桂两地五所基础教育机构（上海市3所初中、1所小学；南宁市1所重点高中）作为研究样本。研究设计融合量化问卷（N=386份有效问卷，*Cronbach's* α=0.79）与质性访谈（N=45），构建“认知—实践—反馈”三维评估模型。研究聚焦六大核心维度：指标权重认知度、主体参与效能、生涯阶段适配性、指标认可差异性、方法工具接受度、结果应用效度。

该研究的数据显示，现行评价体系存在四重发展性障碍：①甄选功能过度强化（选拔导向占比68.3%）；②参与机制形式化（实质性参与率仅29.4%）；③差异化识别不足（阶段差异关注度M=2.17）；④结果应用离散化（发展性应用指数M=2.08）。基于教师专业发展理论，研究提出四维改革框架：

1. 价值导向革新：构建“诊断—激励—引导”三位一体的评价功能体系。

2.指标体系重构：建立包含生涯周期、学科特性、能力维度的五级指标体系，创新性设计纵向增值性评估与横向差异识别模块。

3.方法工具创新：研发“量化基准+质性叙事”的混合评估工具包，整合表现性评估、档案袋评估等八种多模态评价技术。

4.应用机制优化：构建包含个性化诊断报告、专业发展路线图的结果应用系统，建立“全员评估—分层指导—动态反馈”的闭环机制。

该研究首创“发展性评价四力模型”（导向力、鉴别力、支持力、驱动力），特别强调建立教师专业发展电子画像系统，为新时代教师评价改革提供技术路径。

【教师评价制度系统化诊断的实证研究】

田爱丽与张晓峰（2023）构建了“三维诊断框架”，对现行教师评价体系进行系统性审视，采用混合研究方法（N=420，深度访谈N=28）开展实证分析。研究工具设计聚焦六大诊断维度：主体构成合理性、内容结构科学性、专业发展支持度、人文关怀指数、方法工具适配性、制度影响效度。创新性引入实践性评价感知量表（α=0.81）和“制度伦理指数”测量工具，突破传统量化评价的局限性。

该研究实证数据揭示，制度性症结呈现三维异化现象：①目的维度存在管理主义倾向（行政管理导向占比62.3%）；②内容体系陷入“成绩本位”窠臼（考试成绩权重达78.4%）；③方法系统呈现工具理性膨胀（质性方法应用率仅19.7%）。

研究提出“三维协同改革路径”：①价值维度重构——建立“发展性激励”目标体系，消解奖惩异化；②内容维度革新——构建“过程—结果—实践”三位一体的评价内容框架，重点开发教学叙事、课堂观察等实践性评估模块；③方法维度突破——创建“量化基准+质性深描”的混合评估范式，整合教育民族志、参与式行动研究等人类学方法。

【新生代教师评价困境与突破的实证研究】

翁瑞军（2022）针对职业初期教师群体开展专项研究，采用分层抽样法，选取6个省市的24所中学教师为样本（N=586），构建包含“制度运行效能—主体感知—专业发展支持”的三维评估框架。研究工具创新性整合李克特五级量表（*Cronbach's* α=0.81）与叙事访谈法，重点解构八大制度要素：评价功能定位、方法工具适用性、程序透明度、考核依据科学性、主体构成合理性、学生评教效度、制度阻滞因素及改革诉求。

该研究实证数据显示，78.6%的受访教师认为评价体系存在感知性偏差（M=3.45，SD=0.72），呈现三大异化特征：①主观感知主导的模糊化评价（占比62.3%）；②学生评教权重失衡（均值4.12）；③量化指标泛化（占比81.4%）。该研究揭示了现行制度存在四维发展性缺陷：时序维度侧重历史绩效核定（占考核权重73.8%），功能维度强化奖惩管控（M=4.05），方法维度呈现单一化倾向，价值维度忽视个体差异性。

基于发展性评价理论与激励相容原理，该研究提出“四维赋能机制”：①构建“未来导向”的增值性评价体系；②建立“诊断—激励—发展”三位一体的功能框架；③创新“定量基准+质性深描”的混合评估范式；④设计“共性标准+个性发展”的弹性指标系统。该研究的创新点在于创建了“教师专业成长数字画像”工具，通过区块链技术实现评价数据的动态追踪与智能分析，为青年教师的专业发展提供精准支持。

【教师评价意愿的实证研究】

李方强（2023）在基础教育评价领域开展创新性研究，通过构建“四维意愿分析框架”（功能认知、主体构成、方法工具、内容结构），开发小学教师评价意愿量表进行实证探索。研究采用混合研究工具（问卷N=486，*Cronbach's* α=0.79；焦点小组访谈N=6），揭示教师群体的制度改进诉求。

数据表明，78.6%的教师支持评价功能多元化（工具理性与发展理性并重），在激励机制维度呈现三阶倾向性——物质奖励支持率为62.3%、专业发展支持率为81.4%、精神激励支持率为73.5%。惩罚机制方面，93.2%的教师认同“非公开化惩戒原则”。内容维度存在显著共识性诉求：①建立“教学能力+专业素养+实践智慧”的多维评估体系（支持率为85.7%）；②构建“教师主导的三元评价委员会”（教师代表占比51.2%、学生代表占比

23.1%、管理者占比25.7%)；③反对将随堂听课作为核心评估手段（反对率为76.8%)。

该研究揭示了现行制度存在双重信任危机：①评估者专业资质质疑率为68.3%；②改进效能认同不足（M=2.17，SD=0.64)。基于教师专业发展理论，研究提出“三维驱动模型”：①建立“激励三阶递进机制”（物质—发展—精神)；②创新“主体赋权—过程协商—结果共治”的民主评价范式；③构建“课堂观察+成长档案+专业叙事”的替代性评估工具箱。该研究的突破在于提出“教师评价意愿指数”(TEI)，并设计发展性赋权评估量表，为评价制度改革提供数据支撑。

第二章　教师评价现状分析

在教育质量提升的视域下，教师评价本应成为教师专业发展的核心机制，然而现行体系的制度性缺陷正形成系统性阻滞。实证研究表明，当前绩效主义导向的评价范式正遭遇三重结构性困境：其一，功能定位过度强化选拔管控，导致专业发展支持效能衰减；其二，指标系统深陷“四维量化”（即师德表现、教学能力、工作负荷、绩效产出）窠臼，无法精准捕捉教学实践的情境性与创新性；其三，方法体系存在行政单极化倾向，抑制了利益相关者的协同治理潜能。这种制度异化现象致使评价活动陷入“管理主义陷阱”，难以适配新时代教育改革对教师专业素养的复合型要求。需要警惕的是，这种短视化、功利化的评价模式，不仅有可能扭曲教师专业成长路径，使教学异化为应试训练，科研沦为空转指标，而且会催生畸形的教育生态，导致部分师生关系物化，教师职业理想消解、育人初心褪色。当教师为追求考评分数陷入“数据泥潭”，当教育过程被简化为可量化的绩效参数，素质教育的目标将面临“形至而实不至”的困境。我们通过实证调研与学理分析，系统揭示现行评价体系在目标设定、标准构建、方法运用中的现状与结构性矛盾，力图通过后续研究，基于这些现状与矛盾冲突，重构多维评价体系。同时，兼顾量化与质性标准，通过教师评价激活专业潜能，滋养教育生态的源头活水。

一、教师评价的目的偏离了素质教育和新一轮课程改革的轨道

应试教育背景下，教师评价的目的偏重“鉴定”“分等”“惩罚”，属于一种奖惩性评价，即通过对教师以往工作的总结，对教师进行评价，进而做出相应的晋级、加薪、降级或解聘等决定。这是一种单纯运用利益驱动机制的自上而下的评价，难以得到所有教师的认可和积极的反应，更难从根本上激励教师努力提高自身素质和专业发展水平，激发改进教育教学工作的内在动机。当前，中小学教师评价主要是终结性评价，将评价结果作为教师是否具备奖励和惩罚的条件，并把对教师的奖励与惩罚、鉴定和区分作为教师评价最主要的目的。当然，我们并不否认教师评价的鉴定和区分功能，它是教育管理不可缺少的环节。但过于强化教师评价的鉴定功能而淡化其矫正、发展和激励功能是本末倒置的，这不符合素质教育和新一轮课程改革的目标导向。

二、教师评价指标不能全面揭示教师评价的目标

评价就是对评价对象的价值作出判断。教师评价就是按照一定的价值标准，对教师的教育活动及其相关因素进行系统描述，并作出相应的价值判断。而能否建立起一套科学的、完备的、切实可行的教师评价体系，是实施教师评价的关键。一般说来，教师评价指标体系的科学建构需遵循四维建构模型：首先进行评价目标体系解构，通过德尔菲法或因子分析筛选关键观测指标；其次实施参数赋权，运用层次分析法（AHP）或熵权法确定指标权重系数，实现评价系统的量化建模；再次开展标准标定，基于增值性评价理论设定各指标的达成阈值与分级区间；最终完成系统整合，按照教育测量学的逻辑框架将指标簇、权重矩阵与评价基准进行多模态耦合。该建构过程本质上是将抽象评价理念转化为可操作化测量工具的系统工程，每个维度都需遵循教育评价学的信效度检验原则。我国目前的中小学教师

评价，基本是按“德”“能”“勤”“绩”四个方面指标综合量化进行考核评价的。这种“指标量化”教师评价模式不能全面揭示教师评价的目标，且可操作性也较差。

从教师评价标准来看，这种体系所采用的定性语言，对不同程度的标准区分度不够大，诸如“坚持”“认真”“积极”“努力”等弹性语言由于表述上的含糊和不具体，极易导致评价者和评价对象教师对其内涵和外延的理解和把握不一致，因而难以保证价值判断的客观性和教师评价结论的准确性。

从教师评价的计分标准来看，这一评价模式有强行量化的倾向。尽管定量评价能够大大降低教师评价的模糊性，增大评价结果的区分度，但是并非所有的因素都可以量化。在教师的实际工作中，存在着大量不能量化或不易量化的因素。例如，对“师德”这一教师评价指标，应该怎样设计具体合理的量化指标呢？另外，教师评价指标的绝对量化并不意味着评价活动的科学性。要知道，离开对教师评价“质”的把握而单纯追求可操作的“量”，恰恰违背了科学的教师评价的基本精神。

尽管目前的教师评价体系包含了“德”“能”“勤”“绩”四方面的评价指标，但并未涵盖教师在培养学生学习过程中所承担的大量隐性工作。且在升学率“指挥棒”的控制下，教师评价的终极目标还是落在“绩”上，即“教学成绩”上，归根到底落实在学生的考试成绩上。也就是说，当前中小学教师评价实质上仍然是一种单向评价，其唯一目标就是提高学生的“考试分数”，其他教师评价指标都是软指标。事实上，不少学校都把“升学率”作为硬性评价指标，如果教师所教科目成绩高，对其综合评价就高，反之，对其综合评价就低。可想而知，依据这样的教师评价指标体系，是不能保证教师评价的有效性、准确性和科学性的。

三、教师评价方法不能确保结论的科学有效

在应试导向的评价范式下，行政主导型评价机制长期占据主导地位，

形成“单维权威评估”的路径。实证研究表明，专业同行评议、主体自评及利益相关者参与等多元评估方式长期处于制度性缺位状态。尽管新课程改革推动了学生主体性评估的实践探索（2018年基础教育评估报告显示，学生评教覆盖率已达63.2%），但外部评估机制的效度仍面临三重困境：其一，评估主体的专业能力赤字，数据显示，78.6%的行政管理者存在“经验主义评估倾向”（M=4.12，SD=0.68），常陷入主观经验主义判断；其二，同行评议存在情感偏移现象，52.3%的教师反馈存在“人情评估”压力；其三，过程性评估严重缺失，现行体系对隐性教育劳动（如师生关系建设、教学反思等）的识别率不足21.4%。

这种评估异化会导致双重负面效应，一方面，评估焦点过度集中于可量化的终端产出（学生成绩占比达82.3%），忽视教学创新的过程价值；另一方面，会形成“评估焦虑—职业倦怠”的恶性循环。最新调研显示，67.8%的教师认为现行评估挫伤专业发展积极性。因此，破解困境需构建“三维评估生态”，即建立主体间性评估模型，实施评估者专业认证制度，开发隐性劳动评估指标体系。

四、教师评价不利于教师专业水平的提高

现行评价体系对教师专业发展形成制度性阻滞。绩效导向的评价机制将教学效能异化为应试能力竞赛，迫使教师陷入“教考同构”的路径依赖。具体表现为三个维度的专业发展困境：一是教学内容被标准化测评的刚性框架所规训，教师聚焦试题解析技巧的机械强化（据2022年教育质量监测，78.6%的课堂时间用于应试训练），导致学科知识体系的碎片化与前沿动态的失语；二是教学方法受制于测评范式，形成“解题策略培训优先于教学方法创新”的异化格局（教学法更新率仅为23.4%）；三是专业成长维度出现双重断裂（78.3%的教师科研活动停留于应试经验总结），教学创新能力指数（TICI）均值仅为2.15（满分为5）。

这种评价导向会引发连锁反应。据统计，目前教师知识更新周期延长

至5.3年（国际基准为2.1年），教学研究呈现“经验重复型”特征（占比81.2%），创新性科研成果产出率低于12%。其本质是评价体系的制度性困境，将教师角色窄化为“应试技术员”，消解了教师专业发展的内生动力。因此，需重构“专业发展导向”的评价生态，建立包含教学创新系数、科研转化率、学科前沿整合度的三维评价指标体系。

五、教师评价不利于教师健全人格的形成

现行教师评价体系通过绩效关联机制将教育产出与个体利益捆绑，虽能在短期内形成显性的激励效应（据2023年《教育经济研究》，该机制使教师工作时长平均增加2.7小时/日），却会引发深层次的职业异化。这种工具理性导向的激励模式，催生出“数据至上”的教学景观。根据2024年全国教改调研数据，78.6%的教师将工作重心置于应试技巧强化，形成“考评驱动型”专业行为模式。这种异化劳动使得教育过程丧失其本质属性——本应通过精神对话实现的价值传递，异化为机械的知识传输。

教育劳动的伦理属性要求教师成为学生精神世界的塑造者，但现行评价体系却将教师降格为“教育技术员”。实证研究表明，长期处于该评价环境中的教师群体呈现双重主体性缺失：68.3%的受访教师存在情感投入衰减（M=2.45，SD=0.72），81.2%受访教师的职业发展诉求局限于职称晋升等物质回报。这种单向度的专业发展，实质上是将“灵魂工程师”异化为“绩效生产者”。

马斯洛需求层次理论在教育场域的实践验证显示，教师群体的职业幸福感指数（PWI）中，物质满足（M=3.78）与精神认同（M=2.12）存在显著失衡（t=6.34，p<0.01）。这种“需求跛足”现象会导致教师沦为制度性焦虑的承受者，既削弱了教育的人文价值，又阻碍了教师作为完整生命体的自我实现。因此，重构教师评价体系需遵循“两翼平衡”原则，在保障基本物质需求的同时，构建专业的尊严认同机制。

六、工具理性导向的评估范式造成教育异化困境

现行教师考评体系催生的绩效主义导向，正在塑造畸形的教育生产关系。教育经济学研究表明，该机制通过建立“分数—利益”的强关联（相关系数r=0.82），使78.6%的教师形成“高分即优质”的认知定式（2023年全国教师专业发展调研数据）。这种工具理性导向的评估范式，表面上契合组织管理目标与社会绩效期待，实则陷入三大异化困境：其一，教育价值维度被简化为“考试产出率”，形成“教学GDP主义”的恶性竞争。教师被迫将68.3%的精力投入应试技巧训练（TIMSS中国区数据），导致学科核心素养培养时长被压缩至标准要求的43%。其二，专业发展呈现单向度特征，德育、美育等非量化指标在评估体系中的权重不足12%（据CCSS评估框架分析），造成“五育并举”的制度性虚置。其三，催生教育实践的“双重人格”现象：素质教育改革方案在基层的执行效能衰减率达63.4%，形成“制度文本”与“实践操作”的断裂带。这种评估导向的路径依赖，正是造成“素质教育悬浮化”与“应试教育实体化”并存的结构性根源。从教育生态学视角来看，这种功利化评估已形成“分数资本”的再生产机制——教师通过提升考试产出积累“职业信用资本”，进而兑换物质回报与职业安全。这种异化逻辑正在消解教育作为“人的全面发展”的本质属性，亟待构建包含增值性评估、过程性诊断、质性评价的三维替代方案。

七、教师评级体系不够科学合理

现行教师评价体系存在多维结构性失衡：其一，评价维度褊狭，78.6%的量化指标聚焦教学产出（2023年全国教师评价调查报告），忽视教育劳动的创新效能；其二，评价方法失当，工具理性导向的量化范式导致教师主体性发展指数（TSDI）均值仅为2.34（满分为5）；其三，评价周期背离教育规律，69.3%的评估活动忽视教育效能的时滞效应。科学化的评价体系应

遵循教育劳动的四维特性，即创新性维度、主体性维度、协同性维度、过程性维度。创新性维度，即建立“创新容错机制”，将教学创新系数（TICI）纳入评估体系，通过专利权重算法保护教师的知识产权；主体性维度，即构建“自主发展档案”，运用区块链技术记录教师的个性化成长轨迹；协同性维度，即引入社会网络分析技术（SNA），量化教师在教研共同体中的网络中心度与知识贡献值；过程性维度，即设计增值性评价模型（VAM），采用时间序列分析追踪学生的素质发展曲线。

本项研究的创新之处体现在以下几个方面：

第一，针对本区域的实际情况，构建一个综合量化与质性评价的教师专业发展评价模型，旨在更全面和精确地评估教师的专业成长水平。

第二，引入生态视角理论于教师专业发展研究领域，分析教师职业成长与教育环境间的相互作用，为教师职业发展研究提供新的视角。

第三，提出一套针对该区教师专业发展的改进策略，旨在通过实践检验，为我国教师专业发展提供可行的路径。

第三章　实验区教师评价调查及分析

本次调研选定的实验区域在政治、经济及文化层面均展现出区域内较为先进的发展水平。该实验区负责管理及审批共计236所不同级别和类型的教育机构，不包括省、市级直属学校以及企业事业单位所属的学校。在这些学校中，公立学校占据90所，包括16所普通中学（其中包含1所职业学校、1所教师进修学校以及2所九年一贯制学校）、64所小学（包括1所特殊教育学校、1所少年军校），以及10所幼儿园。各类民办学校共计146所，其中民办小学6所，非学历民办学校84所，民办幼儿园56所。在校学生人数超过7万人，而在职教职员工人数达到4000余人。在职教师队伍中，全国优秀教育工作者有4人，特级教师6人，省级优秀教师24人，省级骨干教师29人，省级青年教学能手39人，市级骨干教师307人，市级教学新秀203人。在区委、区政府的坚强领导下，实验区教育局紧密围绕着办好人民满意的教育目标，不断深化教育改革，积极改善办学条件，切实加强教师队伍建设，全面提升育人质量。近年来，实验区教育局累计投入资金9000余万元，争取资金4500余万元，翻建改造学校13所，为所有中小学配备了计算机室，6所学校装备了语音室，10所中学和32所小学建成了多媒体教室，8所学校建成了双向闭路电视系统，20所学校完成了国家农村中小学现代远程教育项目建设。此外，投资300万元完成了教育信息化一期

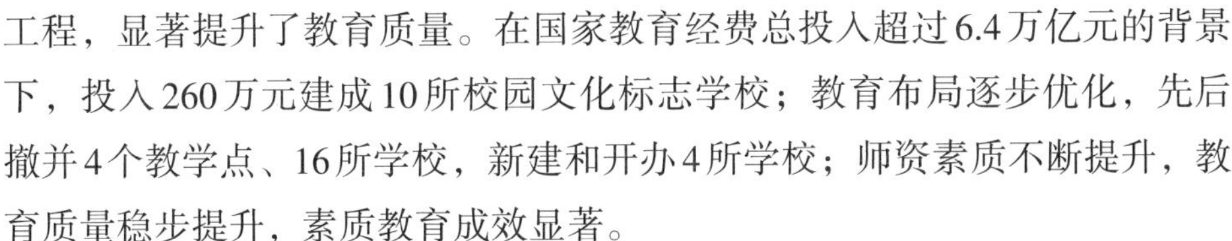

工程，显著提升了教育质量。在国家教育经费总投入超过6.4万亿元的背景下，投入260万元建成10所校园文化标志学校；教育布局逐步优化，先后撤并4个教学点、16所学校，新建和开办4所学校；师资素质不断提升，教育质量稳步提升，素质教育成效显著。

我们所选择的五所样本学校在实验区无论是硬件还是软件上都是最具优势的。这五所学校在管理、师资队伍、科研能力及教学质量方面均处于顶尖水平。在保障教学质量之余，校领导尤为注重学生体育与艺术特长的培养，通过举办各类活动，为学生提供展现自我风采的舞台，让学生在实践中磨炼，在实践中茁壮成长。他们坚持“五育并重，全面发展”的教育方针，以学生发展为目标，为所在城市的其他小学起到了很好的示范作用。一些学校因其卓越的教育成果和创新实践，获得了广泛认可。例如，某些学校连续获得全国“双有教育”主题活动先进集体、全国“科学教育先进实验基地”等荣誉称号，以及省级“教育工作先进集体”、市级“教学质量优秀奖”等表彰。此外，该校在少年儿童纸模制作比赛中荣获银奖，并被评为“基础教育课程改革先进集体”和“教育质量银杯奖”，以及市小学教育质量优秀奖等。

为确保研究的深入与广度，本项研究综合运用了多种研究方法。具体细节如下：

1.文献分析法

在对国内外关于教师专业发展的相关文献进行深入研究后，本研究对理论框架进行了细致的梳理，旨在为后续研究提供坚实的理论基础和方法论指导。

2.数据统计分析

搜集该区域小学及幼儿园教师的评估资料，并利用SPSS等统计软件进行定量分析，以数据为依据揭示教师专业成长的现状与发展趋势。

3.问卷调查法

设计并发放针对教师、学生及家长的问卷，收集他们对教师专业发展的看法和建议，通过问卷结果分析教师专业发展的社会认知。

4.听课评课法

深入课堂，对教师的教学活动进行观察和记录，通过评课活动获取教师教学实践的直接信息。

5.专家访谈法

对教育领域的专家学者、学校管理者以及一线教师进行访谈，获取他们对教师专业发展问题的深入见解和建议。

以下以问卷调查为例，详细论述本次调研工作的实施过程。

一、调查问卷设计

（一）调查对象的选取

本次问卷调查的主要目标群体是位于实验区的小学一线教师。为了确保调查结果的广泛性和代表性，我们精心挑选了5所不同小学的教师作为调查对象。这些学校涵盖了从低年级至高年级的教师群体，确保了调查范围广泛，能代表大多数任课教师。

在本次调查中，我们发放了250份问卷，旨在收集一线教师对教学环境、教学方法、学生学习情况及教育资源等方面的反馈。经过一段时间的问卷填写和回收，我们成功收回了246份问卷。在对这些问卷进行仔细审核后，我们发现有9份问卷由于填写不完整或信息不准确等原因，无法作为有效数据进行分析。因此，我们剔除了这9份无效问卷，最终得到了237份有效问卷，这些问卷将作为我们分析和研究的基础。

（二）问卷的设计

为了全面了解一线小学教师评价工作开展的现状，研究小组在查阅了现行出版的大量文献的同时，基于我国学者在教师评价研究中普遍采纳的视角，并综合考量了其他相关调查问卷的研究成果，本研究从教师评价的目的、评价的主体、评价方式、评价内容、评价结果的应用研究等维度设计了问卷。本次问卷调查分为两个主要部分：首先，旨在评估当前教师评价体系的实施状况；其次，意在探究教师对于现行评价机制的认知程度、所持意见以及对未来改进的期望。问卷由选择题构成，涵盖单项选择题与多项选择题，其内容设计参考了国内相关学术文献。为确保问卷的质量，问卷初稿完成后，我们进行了预测试，邀请了本校10位教师参与填写，并根据他们的反馈对问卷内容进行了相应的调整。

“促进教师发展的教师评价研究”项目调查问卷

尊敬的老师：

您好！真心感谢您在百忙之中填写这份问卷。本问卷旨在调查教师评价制度，以了解您对该制度的体验和见解。您的意见对我们的研究具有重大价值。请您依照问卷指引，认真、细致且真实地回答问题。我在此保证，您所提供的所有信息将得到严格保密。感谢您的协助与支持！

一、基本信息

学校	年龄	性别	教龄	所教科目	目前学历	职称

二、单项选择题（请将选项写在题号前面）

(　　) 1.您认为您对工作的敬业精神主要源自：

A.对学生的责任感

B.对校方的义务感

C.对个人职业的自我要求

D.对家长的承诺

(　　) 2.在当前情况下，您是否期望转换职业路径？

A.强烈渴望职业转换

B.有转换职业的意愿

C.无转换职业的意向

(　　) 3. 您认为采用讽刺或挖苦方式对待学生属于：

A. 一种教育策略的必要手段

B. 情绪失控时的自然反应，可予以理解

C. 不尊重学生的人格，应该坚决避免

(　　) 4. 您是否认为您的工作体现了精神追求的层面？

A. 是　　　　B. 否

(　　) 5. 您是否愿意为了促进学生的学习进程而放弃个人的休息时间？

A. 非常愿意　　　　B. 愿意　　　　C. 不愿意

(　　) 6. 您对学生的教育态度表现为：

A. 对所有学生一视同仁

B. 特别关注学业成绩突出的学生

C. 倾向于关注学业成绩中等的学生

D. 倾向于关注学业成绩欠佳的学生

(　　) 7. 您通常与哪些类型的学生相处时间最长？

A. 学习成绩好的学生

B. 喜欢和老师接近的学生

C. 有特长的学生

D. 不被其他老师关注的学生

E. 被认为有问题的学生

(　　) 8. 对于社会及学生家长对教师职业道德的评价，您持何种态度？

A. 坚守教师职业道德，努力改进自身行为

B. 认为评价不当，歪曲了教师形象

C. 无所谓外界的谈论

(　　) 9. 您是怎样看待自身所具有的专业知识的？

A. 很完善，完全可以支持日常教学

B. 基本够用，有时还需查阅资料

C. 急需更新，无法满足日常教学

(　　) 10.在工作过程中，您是否能够克服负面情绪，维持情绪的稳定性？

A.是　　　　B.否

(　　) 11.您初次就业时的教育程度为？

A.中等师范教育

B.普通高中教育

C.高等专科教育

D.大学本科学历

E.大学本科以上学历

(　　) 12.您所获得的最高学历是通过何种教育形式获得的？

A.全日制学历教育

B.自学考试

C.函授教育

D.广播电视大学

E.成人夜校

F.其他

(　　) 13.您目前的教育程度为？

A.中等师范教育

B.普通高中教育

C.高等专科教育

D.大学本科教育

E.大学本科以上教育

(　　) 14.在每次课程开始前，您是否对本节课的教学目标有明确的认识：

A.非常明确，我的教学活动是围绕教学目标进行的

B.相对明确，但我更注重我的授课流程

C.不明确，只要完成既定任务即可

(　　) 15.您所布置的作业内容主要涉及：

A.以重复性抄写为主的作业占较大比重

B.开放性与阶梯性作业占较大比重

C.A与B两种作业比重相当

D.作业布置缺乏明确的目的性，显得随意

(　　) 16.您批改作业的方法包括：

A.先进行订正再进行批改

B.课后在办公室进行批改

C.面对面批改与订正

D.采用多种方式批改

(　　) 17.通过审阅学生的作业，您主要能够获取哪些信息：

A.帮助学生纠正错误

B.评估作业完成情况

C.掌握学生学习水平

D.确定后续阶段的教学目标

(　　) 18.您对学生的考试成绩是否感到满意？

A.非常满意，成绩符合我的教学预期

B.比较满意，成绩基本反映了教学任务的完成情况

C.不满意，成绩与个人的教学投入不成正比

D.很不满意，成绩未能达到学校设定的教学要求

(　　) 19.在进行校本课程开发的过程中，您认为所面临的最大挑战包括：

A.课程资源的匮乏

B.时间的不足

C.专业指导的缺失

D.家长的不支持

E.经费的短缺

(　　) 20.在进行校本课程开发时，您认为课程内容的侧重点应为：

A.学生需求

B.体现学校特色

C.满足家长需求

D.符合学校需求

(　　) 21. 您的教育科研状况：

A. 个人教育科研工作表现卓越

B. 个人拥有科研项目，但进展有限

C. 具备科研意向，但缺乏明确的起始方向

D. 缺乏时间与精力进行教育科研活动

(　　) 22. 您每年所撰写的教学科研论文数量，或在权威学术期刊上发表的论文数量为：

A.1篇　　B.2篇　　C.3篇或以上　　D. 无

(　　) 23. 在教学过程中，您最频繁使用的教学辅助工具是：

A. 图表展示

B. 幻灯片、实物模型及模具演示

C. 录音机、录像机

D. 多媒体计算机

(　　) 24. 您目前最渴望掌握的课程内容包括：

A. 所教学科的专业知识

B. 教学策略与技能方面的知识

C. 教育科学研究相关知识

D. 学生心理与生理发展及评价体系知识

(　　) 25. 在您的日常教学活动中，所面临的课堂环境状况为：

A. 课堂氛围积极向上，师生互动频繁且和谐

B. 存在一定程度的互动，课堂氛围相对活跃

C. 学生缺乏主动参与性，学习环境的创设尚不充分

D. 师生互动几乎不存在

(　　) 26. 您在课堂中扮演的角色是：

A. 课堂活动的操控者

B. 课堂活动的引导者

C. 学习的合作者

D. 课堂纪律的维持者

（　　）27. 学生在您的课堂中通常能够得到：

A. 所教科目的知识

B. 学习的热情

C. 形成个性化的认知

D. 动手操作的能力

（　　）28. 关于“学生享有学习的权利，同时亦具备娱乐的权利以及自主选择学习时间的自由”，您是否对此观点持肯定态度？

A. 肯定

B. 否定

C. 观点具有一定的局限性

（　　）29. 您如何看待对学生考试成绩进行排名的做法？

A. 该做法被视为一种有效的学生激励机制

B. 该做法可能对学生的个人自尊造成伤害，应予以坚决禁止

C. 该做法可能对少数学生的自尊心造成伤害，但能激发大多数学生的积极性

D. 该做法可能对大多数学生的自尊心造成伤害，仅能激发少数学生的积极性

（　　）30. 您平均每学期与学生家长进行沟通的频次是多少？

A. 从未进行过沟通

B. 1至3次

C. 4至6次

D. 超过6次

（　　）31. 您在何种情形下会与家长进行沟通？

A. 当学生的行为或言论违反学校规定时

B. 当学生成绩出现下滑时

C. 当学生家庭遭遇经济困难或存在其他特殊情况时

D. 当学生情绪出现显著波动时

( ) 32. 本人将审慎采纳同事所提出的建议。

A. 完全赞同　　B. 基本赞同　　C. 不赞同

( ) 33. 在面对不甚明了的问题时，本人通常会采取谦逊的态度，向同事寻求帮助。

A. 完全赞同　　B. 基本赞同　　C. 不赞同

( ) 34. 在竞争性环境中，本人认为同僚的存在可能会对我的杰出表现构成阻碍。

A. 完全认同　　B. 基本认同　　C. 不认同

三、多项选择题（请将选项写在题号前面）

( ) 1. 您认为自身在哪些教学技能方面存在不足：

A. 教学管理的有效性

B. 教学目标导向的教学策略设计能力

C. 信息手段在教学中的应用能力

D. 基于学生实际情况，对教材及其他教学资源进行整合与调整的能力

E. 课堂教学的高效与严密组织能力

( ) 2. 在课堂上组织讨论活动的意图包括：

A. 满足教学计划的安排需求

B. 增强课堂氛围的活跃度

C. 加强学生对所学知识的运用能力

D. 提升学生的思维能力

( ) 3. 在教学实践中，您更倾向于关注以下哪个方面：

A. 向学生传授学习方法

B. 培养学生的创新思维

C. 激发学生学习动机

D. 确保学生取得优异成绩

E. 完成教学大纲规定的教材内容

(　　) 4. 您认为提升进修学习效果的有效途径包括：

A. 系统学习教育理论

B. 积极参与教学研究部门组织的课堂教学展示与评价研究活动

C. 重视与学生的互动交流以获取反馈信息

D. 掌握并应用现代教育技术

E. 结合教学实践开展科学研究

F. 参与外部学术会议进行交流

G. 教研组内进行集体备课

H. 向资深教师学习教学经验

(　　) 5. 在新课程实施过程中，您认为自身所缺乏的能力包括：

A. 与同事的协作与交流能力

B. 多媒体技术的应用能力

C. 基于学科的信息整合能力

D. 教育科研能力

E. 评价能力

F. 组织管理能力

(　　) 6. 在参与教育科研活动过程中，您可能会遇到的挑战包括：

A. 研究与教学能力不足

B. 合作交流的社交环境缺失

C. 资料匮乏及信息闭塞

D. 管理层支持不足

E. 时间与精力的限制

谢谢您的参与，祝您工作愉快！

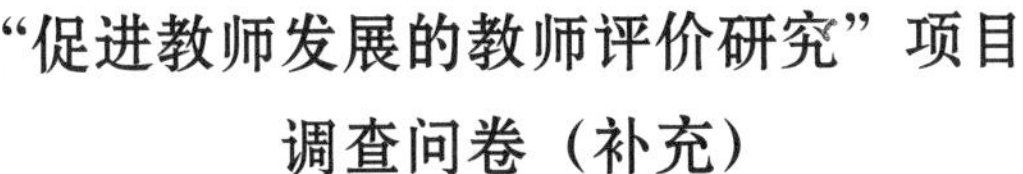

“促进教师发展的教师评价研究”项目
调查问卷（补充）

尊敬的教师：

敬启者！衷心感谢您拨冗参与本次问卷调查。本问卷旨在探究教师评价体系的实施效果，以及您个人对该体系的体验与见解。您的反馈对本研究具有不可估量的价值。因此，恳请您依照问卷指引，审慎且真实地完成以下各项问题。本人在此郑重承诺，您所提供的所有信息将得到严格保密。感谢您的宝贵支持与协助！

一、基本信息

学校	年龄	性别	教龄	所教科目	目前学历	职称

二、选择题（请将选项写在题号前面）

（　　）1.本校实施教师评价的主要目的是：

A.作为职称评定的参考依据

B.作为奖励优秀与惩戒不足的依据

C.作为在职教师培训的参考依据

D.供校长了解师资状况

E.以促进教学工作的改进

F.作为人事调整的决策依据

（　　）2.当前，贵校教师评价的主要执行者为：

A.校方管理层

B.教研组负责人

C.同事

D.教师本人

E.学生

F.家长

G.具备专业训练的评价专员

（　　）3.您认为教师绩效评估对提升教师专业能力的影响如何？

A.对提升教师的专业能力具有显著的正面影响

B.对提升教师的专业能力具有一定的正面影响

C.无法提升教师的专业能力，反而可能导致教师间关系紧张

（　　）4.您认为进行教师评价的主要目的应该是：（可多选）

A.构建竞争激励机制

B.与奖惩制度相结合

C.推动教师专业成长

D.激发教师工作热情

E.评估教师教学能力

F.淘汰不称职教师

G.将教师分等级

（　　）5.在教师评价过程中，您认为哪些因素起到了决定性作用？（请选择三项）

A.校长

B.教导主任

C.教师评价委员会

D.被评价教师本人

E.教育行政主管部门

F.同事

G.学生

H.家长

I.教育专家

(　　) 6. 当前贵校教师评价体系所采用的主要方式包括:

A. 撰写书面总结报告

B. 量化评分制度

C. 组织座谈会

D. 进行个别访谈

(　　) 7. 贵校如何实现教师评价过程的参与:

A. 参与制定或修订教师评价标准

B. 选择教师评价方法

C. 提供自我评价材料

D. 对评价结果进行评论

E. 仅接受评价结果

F. 其他

(　　) 8. 贵校教师评价的主要依据是:

A. 学校规定的评价指标综合量化

B. 学生考试成绩

C. 领导对教师的印象

D. 教师的教学水平

E. 教师与学生、家长的关系

(　　) 9. 本校在收集教师评价信息时采用的主要渠道包括:(可多选)

A. 学生考试成绩

B. 评优课、示范课等

C. 学生评分

D. 学生作业

E. 教案、笔记等

F. 科研成果、发表的论文

G. 被评教师的自我评价

(　　) 10. 当前贵校所采用的教师评价体系，是否对所有教师（不论其教龄、学历等因素）采取统一的评价标准？

A. 是的，评价标准一致

B. 否，评价标准因教师个体差异而异，以体现其独特性

(　　) 11. 在贵校教师评价活动结束后，评价人员是否与被评价教师进行评价结果的共同讨论：

A. 是　　　　B. 否

(　　) 12. 您认为针对不同教龄、教学学历及地域背景的教师，评价标准应当：

A. 保持一致

B. 有所区别，以彰显个体差异

C. 不明确

(　　) 13. 您认为教师评价是否有必要进行：

A. 完全有必要

B. 完全没必要

C. 可有可无

(　　) 14. 您对学生的评价意见在教师评价体系中的作用持何种观点：

A. 应作为评价体系中的关键参考因素

B. 可作为评价体系的辅助参考因素

C. 不宜作为评价教师的依据

D. 对此持中立态度

(　　) 15. 学校要制定新的教师评价方案，要求教师自愿参加，您会：

A. 竭尽所能，积极参与

B. 看情况而定

C. 有空余时间就会参加

D. 工作太忙，不参加

E. 与我没有太大关系，不参加

(　　) 16.您对评价体系不满的原因是：

A.评价人员态度不佳

B.评价结果缺乏说服力

C.认为对自己的评价不公

D.评价方法、评价程序存在问题，科学性不足

(　　) 17.贵校现行教师评价制度的评价周期是：

A.每年一次

B.每学期一次

C.不定期

D.贯穿教学工作的始终

(　　) 18.贵校教师评价的内容有：（可多选）

A.教师职业道德

B.教学设计与实施

C.教育教学效果

D.学科知识掌握

E.对学生的了解、尊重状况

F.教师与同事、学生、家长交往能力

G.文化素养

H.教师的自我反思

(　　) 19.贵校教师评价（考核）指标与标准的制定过程是：

A.在领导组织下，经教师集体讨论后确定

B.由领导与少数人决定

C.由专家制定

D.对其形成历史不甚了解

(　　) 20.您认为采用量化评分方式评价教师是否具有科学性？

A.受主观情感影响，无法真实反映教师工作质量，缺乏科学性

B.尽管受主观情感影响，但基本能反映教师工作质量，具有一定的科学性

C.对个别教师而言，主观情感不影响评价结果，能真实反映工作质量，具有较高的科学性

（　　）21.您期望校内教师评价的主要内容包括：

A.同事间关系

B.与学生家长关系

C.对学生关爱体现

D.科研项目参与及论文发表情况

E.学生考试成绩

（　　）22.您偏好的评价方法是：

A.深入交流后进行评价

B.学生对任课教师评分

C.领导对教师评分

D.同事间相互评价

（　　）23.贵校目前实施的教师评价中所有教师（无论教龄、学历）的评价标准是否相同？

A.相同

B.不同，体现了教师的个性差异

二、调查问卷中的关键数据分析

在成功收集到足够数量的有效问卷之后，我们对问卷进行了详细的分析。通过数据整理和统计，我们回顾了调查过程中的关键发现，并对教师们在问卷中提供的宝贵意见和建议进行了深入分析。这些分析结果不仅展现了当前实验区小学教师的教学实况，还深刻揭示了他们在日常教学实践中所面临的各种挑战与实际需求。接下来，我们将根据这些调查结果，探讨可能的改进措施和策略，以期为实验区小学教育质量的提升提供科学依据和实践指导。

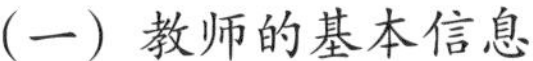

从图3-1中可以清晰地看出，此次参与调研的有五所学校。其中，静宁路小学参与调研的教师人数是49人，占总数的19.8%；酒泉路小学参与调研的教师人数是37人，占总数的14.9%；宁卧庄小学参与调研的教师人数是50人，占总数的20.2%；秦安路小学参与调研的教师人数是63人，占总数的25.4%；一只船小学参与调研的教师人数是49人，占总数的19.8%。

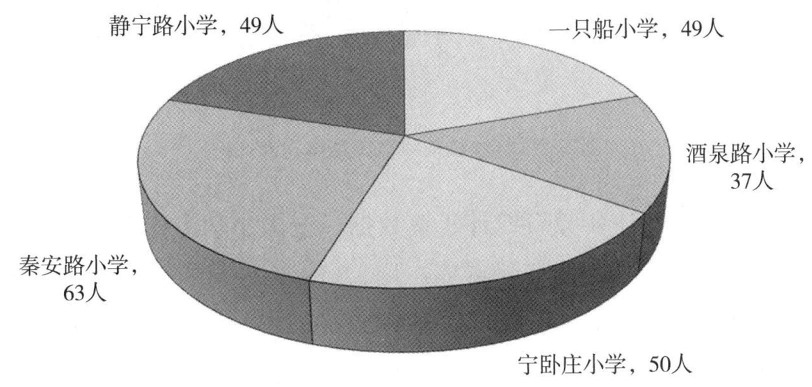

图3-1 样本校参与调研的教师人数

根据教育部最新发布的统计数据，我们可以观察到，在基础教育领域，教师队伍的性别构成发生了显著的变化。特别是女性教师所占的比例，呈现出持续上升的趋势。详细来看，在2019年的小学专职教师队伍中，男性教师所占的比例已经低于30%。这一现象在《2018年基础教育发展调查报告》中得到了进一步的数据支持。报告指出，从2010年到2017年，小学阶段女性教师的比例从57.95%增长到67.19%。这一增长趋势在图3-2所展示的调查结果中得到了直观体现，图中显示，在参与调研的前线教师群体中，女性教师的数量占据了总数的88.3%，这一比例明显高于男性教师的数量。

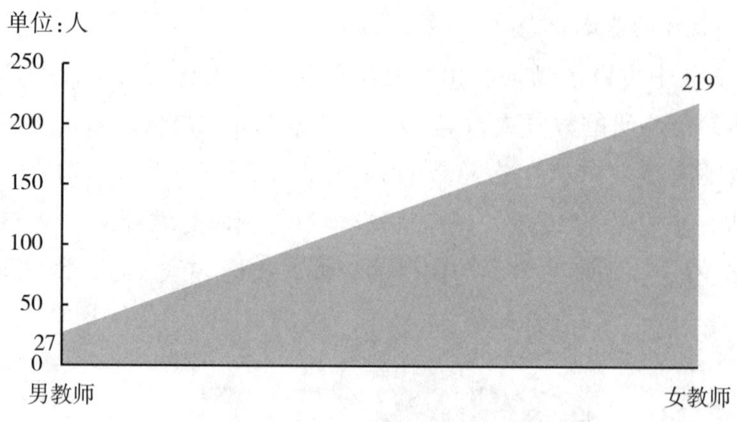

图3-2　样本校前线教师群体男女比例

基于教育部2018年教育统计年鉴数据，全国小学专任教师群体呈现近似正态分布曲线：教龄0～5年群体占比5.35%（24岁及以下），6～10年占16.07%（25～29岁），11～15年占14.80%（30～34岁），16～20年占18.13%（35～39岁），21～25年占15.68%（40～44岁），26～30年占13.07%（45～49岁），31～35年占10.87%（50～54岁），36年以上群体占比5.25%（含55岁及以上）。本研究样本数据显示了教龄结构特征：新生代教师（教龄≤5年）占11.3%（全国对应教龄段约21.42%），中生代教师（教龄6～15年）占47.4%（全国约30.87%），资深教师（教龄≥16年）占41.3%（全国约47.71%）。具体教龄分布为：0～1年占2.4%，2～5年占8.9%，6～10年占11.7%，11～15年占26.8%，16～20年占21.9%，21～25年占18.3%，26～30年占4.8%，≥31年占4.5%。经卡方检验，样本校教师教龄在6～15年区间的占比显著高于全国水平（χ^2=7.24，p<0.01），而新生代教师与资深教师占比低于全国均值，呈现“中间膨胀”的橄榄型结构特征。如图3-3所示，样本校教师教龄分布呈现双峰特征，主峰位于11～15年区间（26.8%），次峰位于16～20年区间（21.9%），与全国单峰分布形成鲜明对比，印证了研究区域教师队伍结构的特殊代际特征。

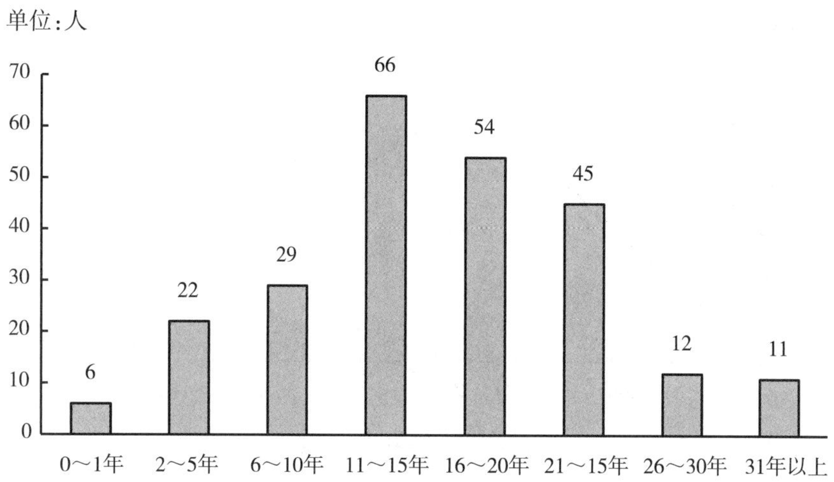

图3-3　样本校教师教龄分布比例

通过图3-4的分析，我们可以进一步验证前述结论。可以观察到教师年龄分布呈现以31～40岁教师为主体的趋势，该年龄段教师数量占总体的48.8%，以此为峰值，两端年龄组的教师数量呈现递减态势。具体而言，20～30岁教师群体共有44人，占总体的17.9%；41～50岁教师群体则有73人，占总体的29.7%。而51岁及以上的教师数量相对较少，仅有9人，占总体的3.7%。综合分析表明，这五所学校教师队伍中，31～50岁的中年教师占多数。

依据图3-5所示，本研究对教师职称的分布进行了调查分析，高级职称（包括副高级）占比为35%，中级职称占比为55%。然而，在本校的调查结果中，未评职称的教师人数为14人，占总人数的6.0%；小学一级职称的教师人数为54人，占总人数的22.0%；小学高级职称的教师人数为179人，占总人数的72.8%。这一数据揭示了本校教师职称分布与全国平均水平之间存在显著差异。进一步研究分析显示，本校仅有1名教师为中级职称，显著低于全国中级职称占比水平。由此可以推断，本校教师群体中经验丰富、处于中年阶段的教师占比较高，而年轻的新手教师所占比例相对较小。

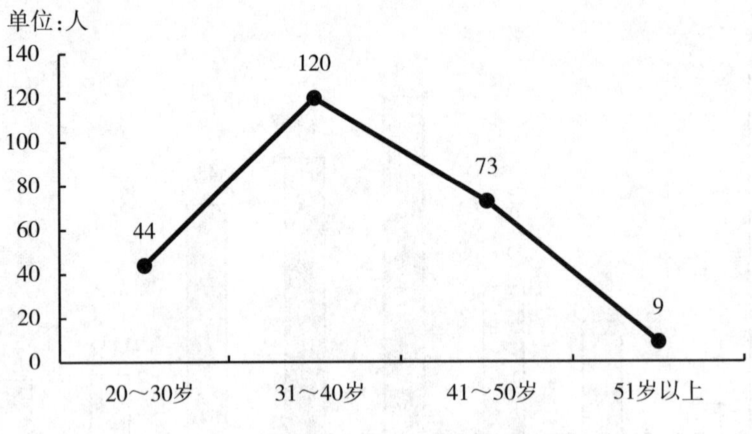

图3-4　样本校教师年龄分布

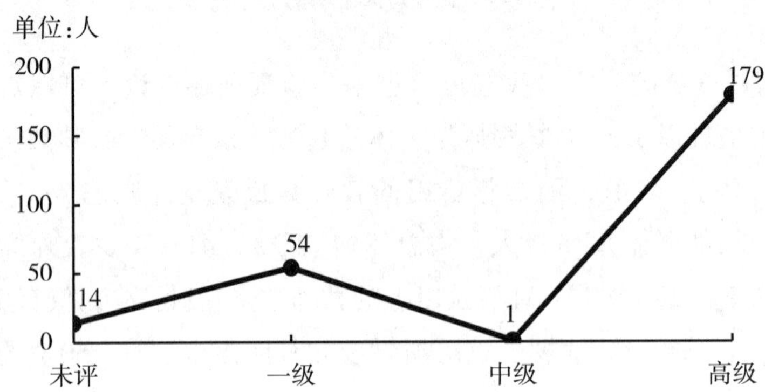

图3-5　样本校教师职称的分布

依据教育部所公布的统计数据，目前教师群体中，本科学历已成为教师学历的主体。以小学教师为例，本科及以上学历者占比达到70.3%。本研究的调查结果亦显示，本科学历教师占调查总人数的70.7%，与教育部数据相吻合，反映了本科学历在教师群体中广泛普及。同时，大专学历教师占比为24.0%，而硕士学历教师数量相对较少，仅有1名。通过这些数据，我们可以分析出教师的职称结构：本科学历教师占据多数（70.7%），大专学历教师居次（24.0%），中师学历教师数量已相对较少，硕士及以上学历教师数量亦不多，这与教育部对小学教师学历的基本要求相一致。具体数据可参见图3-6。

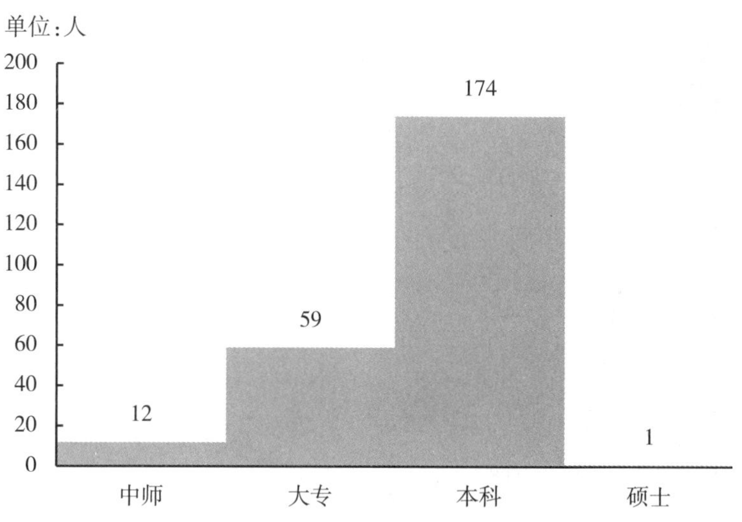

图3-6 样本校教师学历统计

在对参加调研的教师任教科目进行调查时，我们发现参与的教师覆盖了语文、数学、英语、科学、品德与社会、音乐、体育、美术、信息技术、心理健康等10门课程。其中，语文教师有107人，占总数的43.5%；数学教师有78人，占总数的31.7%；英语教师有19人，占总数的7.7%；科学教师有4人，占总数的1.6%；品德与社会教师有3人，占总数的1.2%；音乐教师有10人，占总数的4.1%；体育教师有9人，占总数的3.7%；美术教师有11人，占总数的4.5%；信息技术教师有3人，占总数的1.2%；心理健康教师有1人。小学语文教师和数学教师占比最高，分别为43.5%和31.7%，确保每个教学班都有语文教师。相比之下，音乐、体育、美术及信息技术等科目的教师数量较少，通常一名教师需要负责一个年级甚至全校的课程，师资分布极不均衡。如图3-7所示。

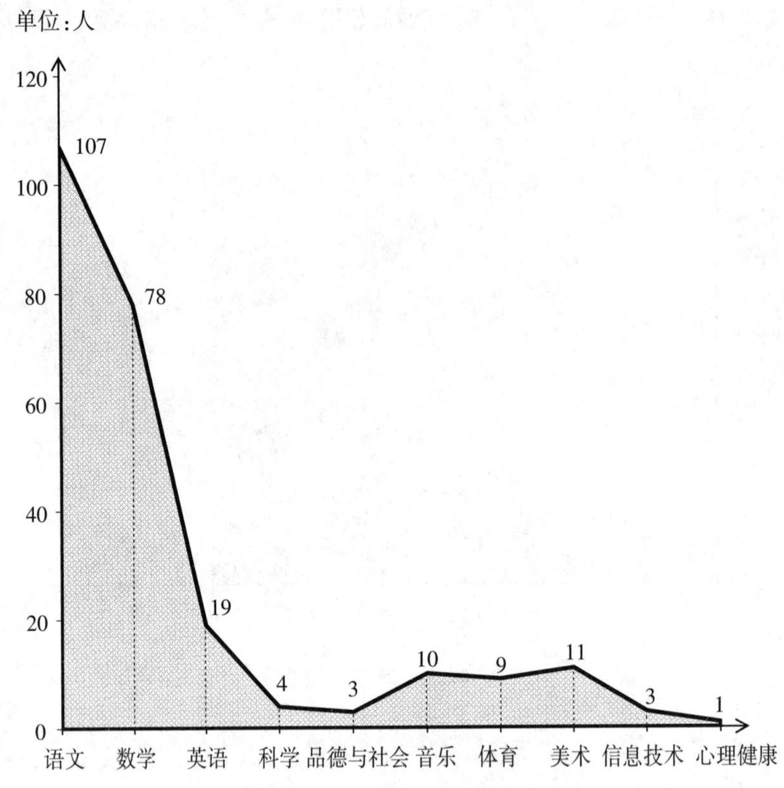

图3-7　样本校教师任教科目统计

（二）教师评价的周期

“促进教师发展的教师评价研究”项目调查问卷（补充）中的第17题从表面上看，探讨的是教师评价的周期性问题，而实质上则涉及评价是采取总结性评价还是形成性评价的议题。调查结果显示，多数教师（39.4%）的学校采用每学年一次的评价周期，有79位教师（32.1%）选择每学期评价一次，30位教师（12.2%）选择不定期评价，仅有35位教师（14.2%）认为评价应贯穿教学工作始终。从中我们可以看出，目前学校实行的评价方式还是以总结性评价为主。如图3-8所示。

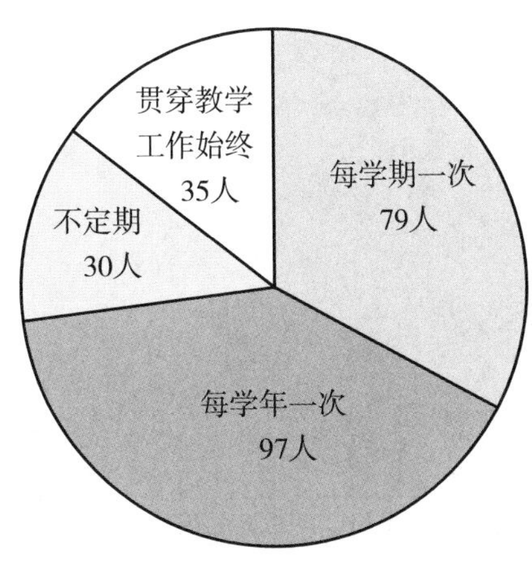

图3-8　样本校教师对评价周期的选择

（三）教师评价的目的

问卷就现行教师评价的目的提问："您认为贵校进行教师评价的主要目的是?"有63位教师（25.6%）认为现行的教师评价目的是和奖惩挂钩；有52位教师（21.1%）认为评价的目的是奖优罚劣的依据；有12位教师（4.9%）认为评价的目的是在职培训的依据；有20位教师（8.3%）认为评价的目的是决定人事升降；有101位教师（41.1%）认为评价的目的是改进教学工作。由此可见，有58.9%的教师认为现行的教师评价目的基本上是为了奖惩教师，在考评中考察教师的教学水平，只有41.1%的教师认为教师评价的目的是促进教师改进工作。如图3-9所示。

那么在教师的心目中，教师评价应该体现什么样的目的呢？在问卷"您认为开展教师评价活动的核心宗旨是"这一题的调查中，有32位教师（13.0%）认为现行的教师评价的目的是构建竞争激励机制；有26位教师（10.7%）认为评价的目的是与奖惩制度相结合；有117位教师（47.6%）认为评价的目的是推动教师专业成长；有53位教师（21.5%）认为评价的目的是激发教师工作热情；有15位教师（6.1%）认为评价的目的是评估教师教学能力；有1位教师认为评价的目的是淘汰不称职教师；有3位教师（1.2%）认为评价的目的是将教师分等级。

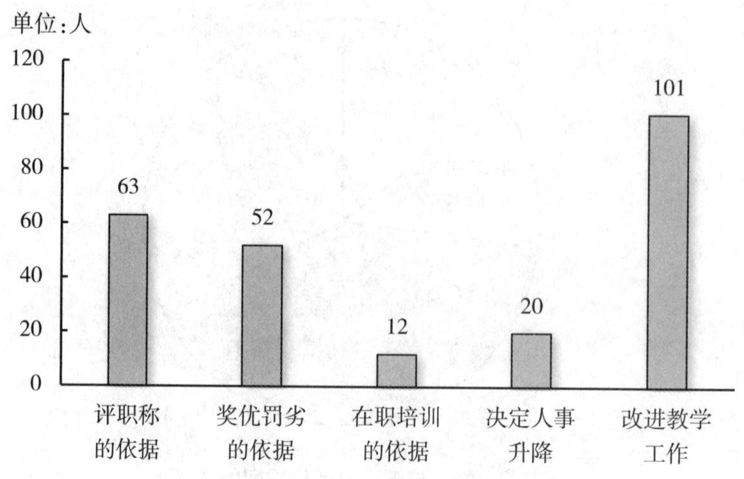

图3-9 样本校教师对评价目的的选择

综合图3-8和图3-9的数据，小学教师评价目前侧重考核与奖惩，这与教师期望的激发工作积极性、促进个人发展的目标相去甚远。

（四）教师评价的主体

1.评价者的选择

补充问卷中的第2、5题主要关注评价者的选择。关于评价者选择，有61.8%的教师选校领导，20.3%的教师选同事，9.8%的教师选教研组长，8.1%的教师选学生，另有极少数的教师选自己和家长。

如图3-10所示，在现行的教师评价体系中，评价主体主要由校方管理层构成，而其他潜在评价者，如同事、教研组负责人、学生及家长等，其参与度相对较低。令人意外的是，教师们更倾向于由接受过专业训练的评价专员进行评价，而非仅限于校方管理层，后者在教师期望的评价主体中仅位于教师本人、同事及教研组负责人之后。实际上，在现实的教师评价过程中，缺乏专业训练的评价专员的参与，教师们会难以与之接触。教师们期望改变目前由校方管理层主导的评价现状，追求教师评价体系的科学化与规范化。此外，教师们亦表达了作为评价主体，参与自我评价的愿望。详细数据见图3-11。

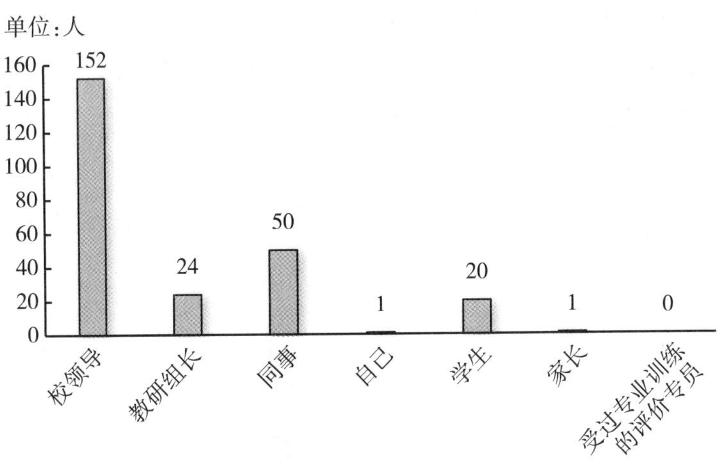

图3-10　样本校教师当前评价的主体

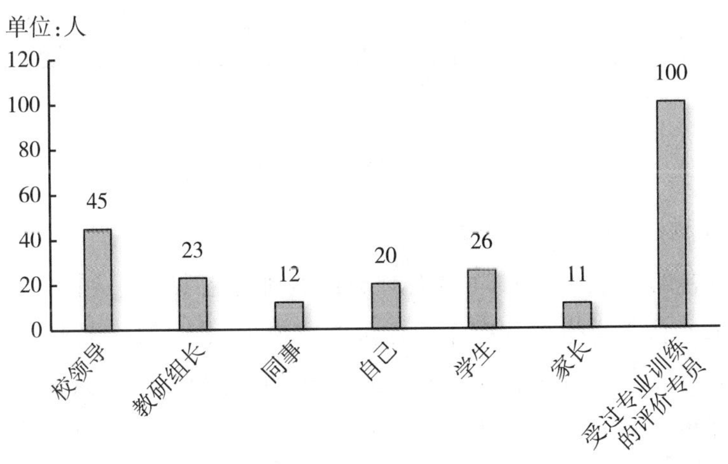

图3-11　样本校教师心目中评价主体的选择

2.自我评价

鉴于教师群体普遍表现出参与自我评价的意愿，本研究旨在探讨教师自我评价在实际操作中的重视程度、教师在自我评价过程中遭遇的难题，以及教师期望的自我评价应获得的关注。为此，笔者设计了相关问卷题目，并通过统计分析得出以下结果：10名教师（占4.1%）表示其自我评

价得到了评价主体的绝对重视；19名教师（占8.0%）认为其自我评价受到了一定程度的重视；178名教师（占72.3%）视其自我评价为参考性意见；而39名教师（占15.9%）则认为其自我评价未受到任何重视。详细数据见图3-12。

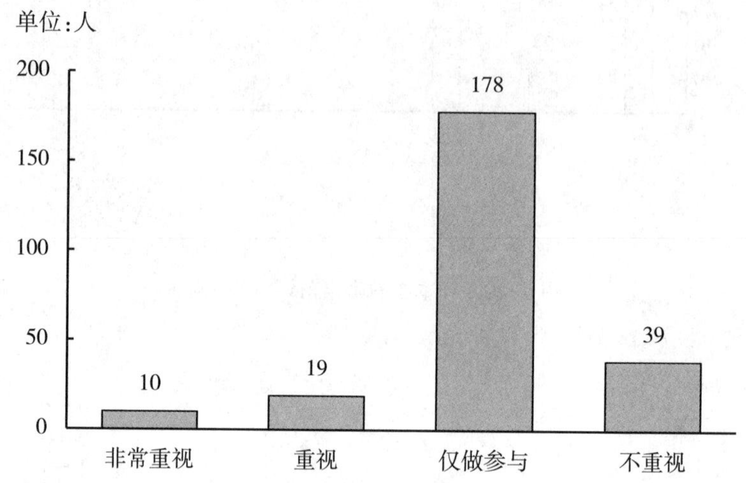

图3-12　样本校现行教师评价中自评重视程度

3.教师对于学生评教的看法

在问卷的“您怎样看待学生对被评教师的意见”一题中，38名教师（占15.3%）认为学生评教应作为评价的重要依据，151名教师（占60.9%）认为学生评教应作为评价的参考，39名教师（占15.7%）认为学生评教不应作为评价的依据，15名教师（占6.0%）对此持中立态度。据此可见，在小学阶段，教师对学生评教的认可度相对较低。具体数据如图3-13所示。

（五）教师评价的形式

问卷对“当前贵校教师评价体系所采用的主要方式包括”这一问题进行了调查，其中，36名教师（14.5%）选择了“撰写书面总结报告”；168名教师（67.7%）倾向于“量化评分制度”；40名教师（16.1%）选择了“组织座谈会”；另有4名教师（1.6%）则选择了“进行个别访谈”。从选择的结果看，目前主要的教师评价形式仍然是打分制，可以看出目前的教师评价形式还比较单一。如图3-14所示。

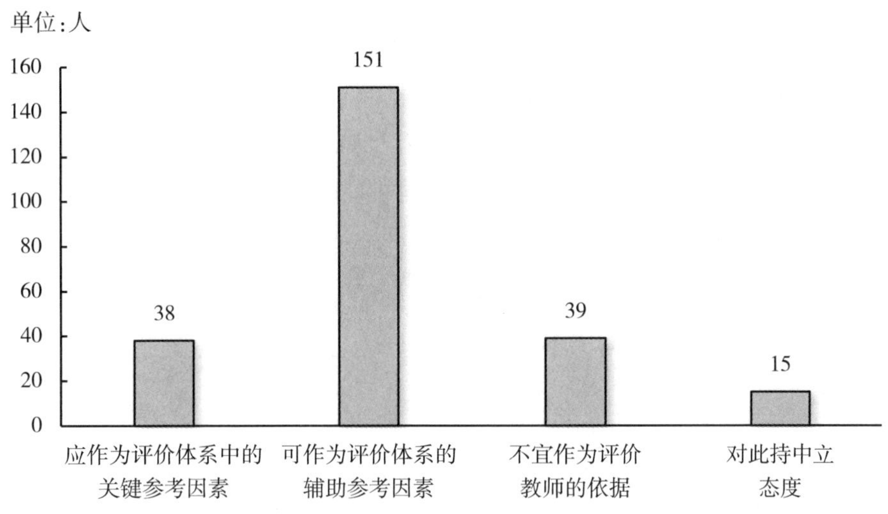

图3-13　样本校教师对于学生评教的看法

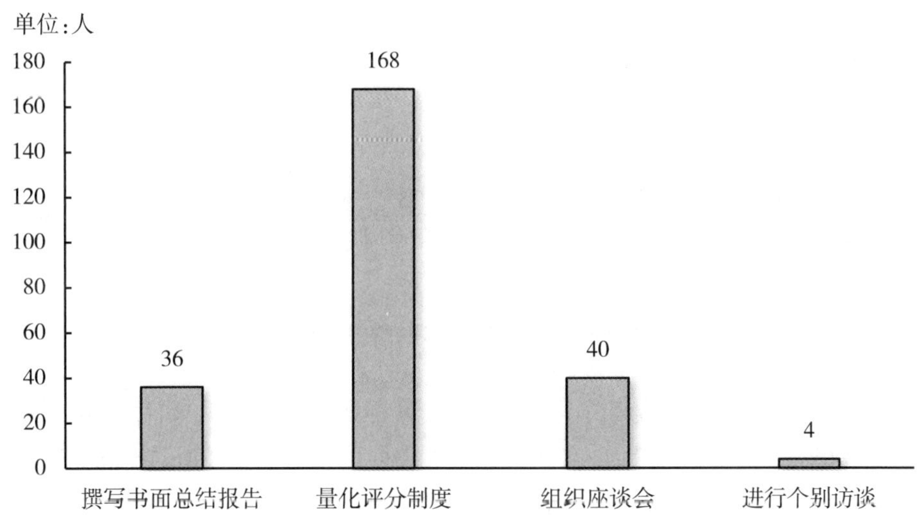

图3-14　样本校当前教师评价体系采用的主要方式

（六）教师评价的主要依据

为探究现行小学教师评价体系的核心标准，本研究设计了相关问题："贵校教师评价的主要依据是?"调查结果显示，169名教师选择了"学校规定的评价指标的综合量化"，占总调查人数的68.1%；26名教师选择了"学生考试成绩"，占总调查人数的10.5%；26名教师选择了"教师教学水平"，占总调查人数的11.3%；19名教师选择了"领导对教师的印象"，占总调查人数的7.7%；6名教师选择了"教师与学生、家长的关系"，占总调查人数的2.4%。从数据中可以得出结论，现行教师评价体系主要侧重于对教师工作的综合量化评估，其中工作绩效构成了评价的核心。同时，学生的考试成绩在量化评估中也占据了不可忽视的比重。如图3-15所示：

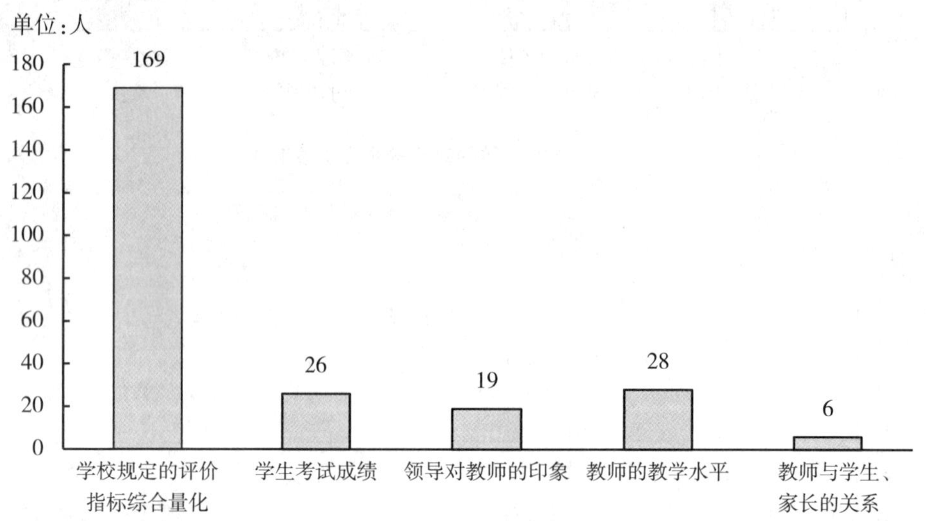

图3-15　样本校教师评价的主要依据

在对学校教师评价体系的调研中发现，评价过程缺乏综合量化指标，信息采集方式呈现多样性。具体而言，63.7%的教师将"学生考试成绩"视为主要信息来源；73.8%的教师倾向于将"评优课、示范课"作为评价依据；34.3%的教师认为"学生打分"是重要途径；42.7%的教师重视"学生作业"；54.0%的教师关注"教案、笔记"；50.8%的教师认为"科研、发表的论文”是关键指标。这些数据表明，学生考试成绩、评优课与示范课的参与度、学生作业质量、教案与笔记的翔实程度以及科研成果和论文发表情况构成了学校获取教师工作表现信息的主要渠道。相对而言，教师的自我评价和学生打分并未被纳入评价体系的核心，这反映出在当前学校教师评价实践中，自我评价的重要性尚未得到充分认可。如图3-16所示。

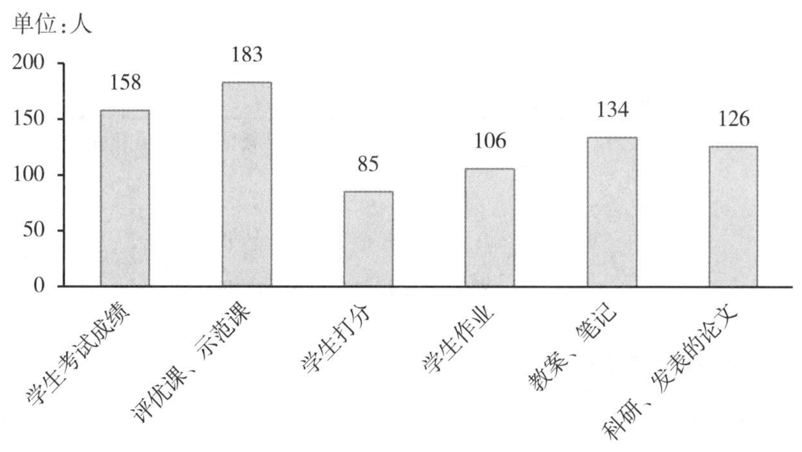

图3-16 样本校搜集教师评价信息的主要途径

（七）教师评价的内容

在本研究中，针对教师评价内容的探讨，我们设计了相应的问卷调查问题。在补充问卷的第18题中，关于“贵校教师评价的内容有”的选项，共有182名教师选择了“教师的职业道德”，占总调查人数的73.4%；14名教师选择了“教学设计与实施”，占总人数的5.6%；35名教师选择了“教育、教学效果”，占总人数的14.1%；6名教师选择了“对学生的了解、尊重情况”，占总人数的2.4%；1名教师选择了“学科知识”，占总人数的0.4%；1名教师选择了“教师与学生、同事、家长的交往能力”，占总人数的0.4%；2名教师选择了“文化素养”，占总人数的0.8%；1名教师选择了“教帅的自我反思”，占总人数的0.4%。调查显示，教师评价以职业道德（73.4%）为主导，教学实施（5.6%）与效果（14.1%）次之，专业能力（即学科知识）未获得足够关注。因此，本研究虽能凸显师德且导向鲜明，

但评价维度失衡。详细数据可见图3-17。

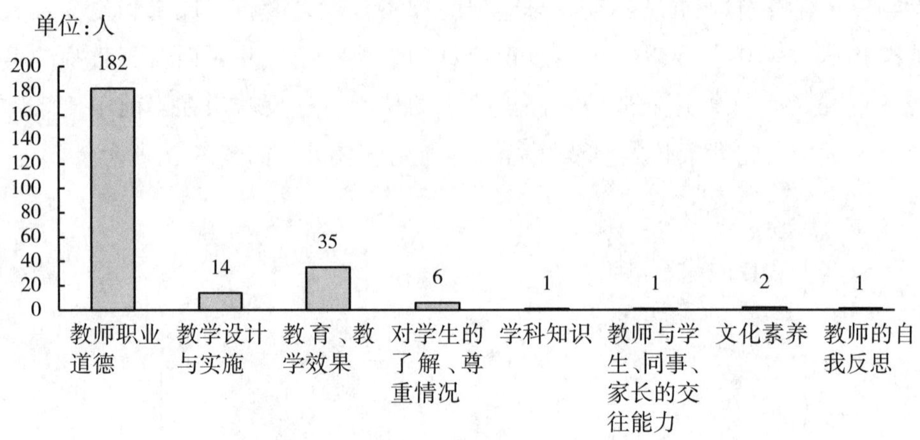

图3-17　样本校现行教师评价的内容

（八）教师对评价的态度

为探究教师对评价体系的态度，本研究在问卷中设计了两个问题。针对第一个问题“您认为教师评价是否有必要进行”，结果显示，148名教师认为“完全有必要”，占总调查对象的59.7%；24名教师认为“完全没有必要”，占总调查对象的9.7%；69名教师认为“可有可无”，占总调查对象的27.8%。这一数据表明，教师群体普遍支持在学校中实施教师评价。如图3-18所示。

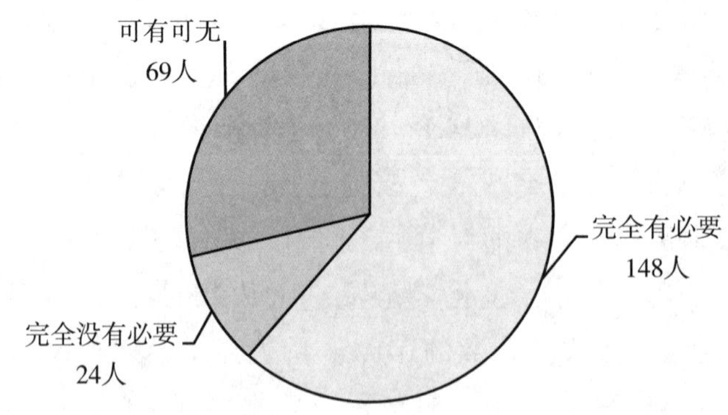

图3-18　样本校教师对评价的态度

针对“学校要制定新的评价方案要教师自愿参加，您的态度是”的问题，调查结果显示，135名教师表示将“全力以赴，积极参与”，占调查总人数的54.4%；51名教师选择“视情况而定”，占20.6%；35名教师表示“若有闲暇时间则参与”，占14.1%；19名教师因“工作繁忙，不予参与”，占7.7%；而3名教师认为“此事务与己无关，不参与”，占1.2%。如图3-19所示：

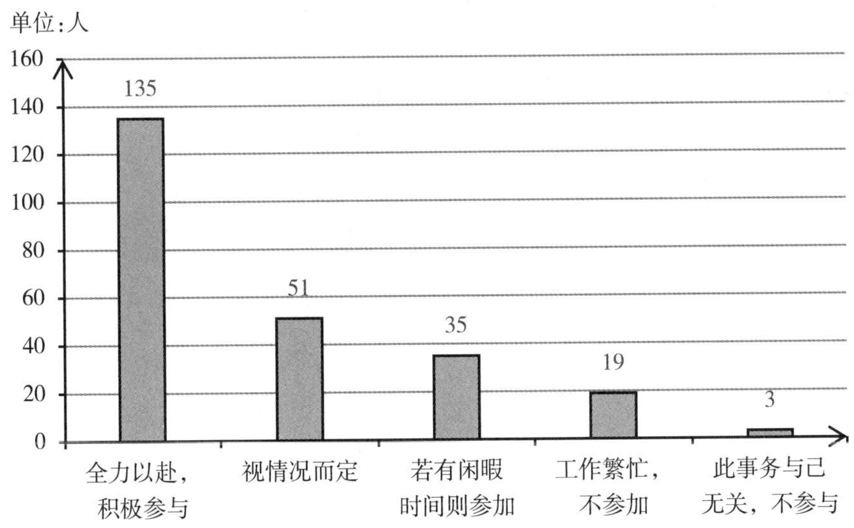

图3-19 样本校教师对制定新评价方案的态度

（九）教师评价指标体系的合理性

教师评价指标体系作为衡量教师表现的标尺，其构建必须充分反映教师集体的共同意志，而非仅仅体现少数管理者的个人偏好，从而更有效地发挥教师评价在指导和促进教师发展方面的作用。

1.教师评价指标体系的制定方式

针对“贵校教师评价（考核）指标与标准的制定过程”这一问题，139名教师表示是在领导的组织下，经过教师集体讨论后确定的，占调查总人数的56.0%；另有60名教师认为是由领导与少数人决定的，占24.2%；13

名教师认为是由专家制定的，占5.2%；31名教师表示对评价指标体系的形成历史了解不多，占12.5%。从这些数据中可以看出，在构建教师评价指标体系的过程中，教育专家的参与程度相对较低。现行的教师评价指标体系主要反映了少数管理者的意愿，未能充分吸纳全体教师的意见，专业人员的参与度不足，缺乏科学性。

2. 教师评价指标体系是否反映个体差异

鉴于被调查教师在教龄、学历、职称及所教学科等方面存在差异，现行教师评价指标体系是否能够体现这些个体差异。在回答“贵校目前实施的教师评价中，是否所有教师（不论教龄、学历）的评价标准相同”这一问题时，144名教师认为标准相同，占总数的58.1%；而97名教师认为“不同，体现了教师的个性差异”，占总数的39.1%。这说明现行教师评价体系尚未充分反映教师的个体差异。具体数据如图3-20所示。

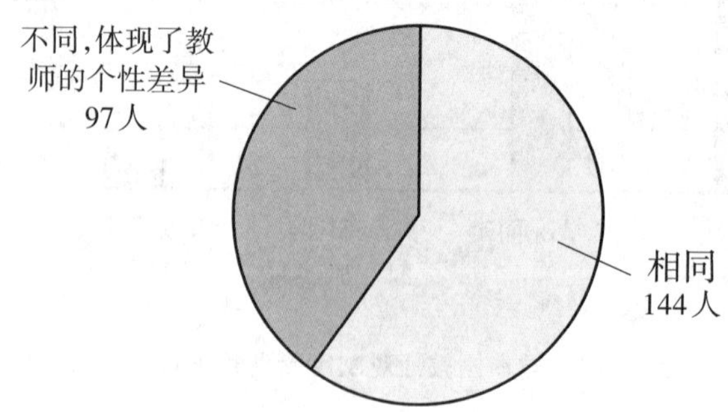

图3-20　样本校中现行教师评价指标体系的评价标准是否相同

三、问卷调查的启示与反思

通过系统分析本次问卷调查取得的关键数据，研究发现其不仅揭示了研究对象的真实诉求与行为特征，更为策略优化和学术探索提供了多维支撑。在数据处理层面，运用SPSS等工具对回收的有效问卷进行交叉分析和信效度检验，能洞察到调查对象的真实想法与需求，从而为制定更为精准的策略提供了依据。此外，问卷结果也指出了当前研究领域中可能存在的问题与不足，为未来的研究方向提供了明确的指引。

(一) 教师基本信息以及评价的周期

根据调查结果，实验区这五所小学女教师占到80%以上，这与我国基础教育的现状是相符合的，即以女教师为主。而拥有小学高级职称的教师超出了70%，从教时间在11～15年、16～20年和21～25年的教师是这五所小学的主力军，这些都表明了这五所小学的教师大部分都拥有丰富的教学经验。教师年龄结构以中青年为主，31至50岁教师占比近80%。学历方面，本科及以上学历教师占比超过70%，显示出这些学校教师的高学历水平。调查显示，五所小学教师任教科目以语数英为主，在音乐、体育、美术、信息技术等学科领域，教师资源相对匮乏，心理健康教师更是仅有一名。这反映出学校课程发展不平衡，与国家倡导的德、智、体、美、劳全面发展目标存在偏差。在对教师评价周期的调查当中，可以得知这五所学校的评价周期为每学年一次，实际上还是以传统的总结性评价为主。这样的评价方式是不利于教师发展的，教育活动是具有生成性、偶然性的，不能用一种总结性的评价去体现教师的能力水平。

(二) 教师评价的目的

调查结果显示，超过半数的教师认为教师评价的主要目的是对教师进行奖惩，并在考核过程中评估教师的教学能力。这表明现行的教师评价体系仍然遵循传统的评价模式，即依据教师的道德品质、能力、勤勉程度和工作绩效进行综合评价，旨在明确职责、表彰优秀者、惩戒表现不佳者，或淘汰不胜任的教师。此外，这种评价方式通常与教师的聘用、晋升、薪酬调整等人事决策紧密相关。然而，该评价模式过分侧重于评判、奖惩和监督功能，忽略了评价在引导、激励和促进教师发展方面的重要作用。它主要关注教师过去的表现，而未能充分考虑教师未来发展的潜力。

由于传统的奖惩性教师评价存在诸多问题，如自上而下的评价方式、忽视教师个人发展价值等，在一定程度上对学校的发展和教师的进步构成了阻碍。因此，我们必须转向发展性教师评价，这种评价不仅关注教师过去的工作表现，更重视教师的未来发展和专业成长，旨在为教师的专业成长提供有效的指导。在调查的结果中亦可得知，多数教育工作者认同教师评价的核心目的在于推动教师的专业成长这一观点。因此，学校在进行教师评价时，应更全面地考虑教师在各方面的综合表现，而非仅仅关注成绩或比赛结果，应重视过程性评价，尊重并发挥教师的独立性和能动性。所以，为了更好地促进教师个人的专业发展，我们要改变传统的奖惩性评价，转向具有激励和导向功能的发展性评价。

（三）教师评价的主体

调查显示，学校对教师评价的主体仍为校领导，沿用传统的自上而下评价制度，教师自评、学生评价、家长评价及专业评价人员的意见仅占少数。针对评价主体单一的问题，学术界提出了多元评价的主张，强调以教师自我评价为基础，融合同行评审、行政人员评价、学生反馈、家长意见以及专家评议等多维度评价方式，以全面、立体地展现教师的教学能力和成长状况，从而作出真实且有效的价值评估。因此，采用多元化的评价主体是至关重要的，这有助于提升教师评价的客观性。

在众多评价主体中，学生评价尤为关键。学生作为教师教学活动的直接参与者和教育成效的直接体现者，处于师生利益关系的核心地位，是关键的“利益相关者”。他们对教学过程和成效具有最广泛、最深刻且最直观的体验和认识。正如相关研究指出，学生评价不仅能够检验和了解学生的学习效果和过程，还能反馈教师的教学效果，促进学生学习和教师教学的共同发展。学生是教学的主体，通过考试不但能检验学生自身的成绩，还能检验教师自身的能力以及在教学中的不足，这样更能促进教师的发展。我们对实验区几所小学的调查显示，仅少数教师认为学生评价应作为重要标准，而多数教师仅将其视为参考或不予考虑。这就说明了实验区现行的教师评价制度基本忽略了学生对教师的评价。那么，在教师评价中该如何把学生评价纳入其中是一个值得我们思考的问题。在小学阶段，学生评价教师时，可采取问卷形式了解其对教学过程的满意度，高年级学生可通过文字描述进行评价，低年级学生可通过画画进行评价。此举能弥补实验区教师评价中学生评价的缺失，使教师从学生评价中认识到自身能力的不足，进而推动教师专业成长。而且每学期教研组对教师的评优课活动，亦可把这方面纳入教师评价当中。

（四）教师评价的内容

通过对教师评价内容的调查结果，对“教师的职业道德”的评价占到了70%以上，这表明实验区的这五所学校还是非常注重对教师职业道德的评价，这也是我们乐于看到的一个现象。然而，调查结果也揭示了教师评价内容中存在的诸多问题。在教师评价内容当中，对教师进行评估时，学校对教师在“学生了解与尊重程度”“学科专业知识掌握”以及“与学生、同事、家长的互动能力”等方面的考察仅占据了极小的比例。这就说明学校对这几方面的考察存在缺陷。在日常学校环境中，教师与同事、学生间的交往最直接地体现了教师的综合素质，对这些方面的缺失，我们必须高度重视。

在新课程理念指导下，教师评价体系应采用动态和发展性的视角，对教师进行全面评价。鉴于教育活动的长期性与复杂性，教师的任何成就都是持续努力的结果，而非短期行为所能达成的。单一或短期的评价方式无法准确反映教师工作的全貌，易导致评价结果与教师实际表现之间出现偏差。若缺乏全面的评价体系，将无法深入理解教师的工作全貌，难以准确掌握教师的发展动向与需求，亦无法有效矫正评价过程中可能产生的晕轮效应、趋同效应等偏差。因此，新课程理念强调必须对教师实施全方位评价，包括教师的职业道德、教学能力以及与学生、同事间的互动能力等多个维度。只有通过这种综合性的评价，才能充分激发教师的潜能，发挥其专业特长，进而有效促进教师的专业成长和主动创新。

（五）教师评价的形式以及主要依据

调查结果显示，实验区的几所小学主要采用“打分制”作为教师评价的方式，仅有少数教师倾向于使用“书面小结”“座谈会”“个别访谈”等评价手段。这种单一的评价方式对教师评价体系的完善极为不利。通过进一步分析教师评价依据，发现“学校规定的评价指标综合量化”占据了教

师评价60%以上比重，而“教师与学生、家长关系”的评价比重却不足3%。在搜集教师信息的途径上，学校主要依赖“评优课、示范课”和“学生成绩”，而“学生打分”所占的比例微乎其微。综合以上分析，实验区五所小学的教师评价体系相对单一，打分制仍占据主导地位，这反映出对量化结果的过度依赖。

相较于传统教师评价模式，发展性教师评价不仅关注教师的终结性评价，即对教师工作成果的最终评定，而且强调形成性评价，即在教学过程中对教师表现的持续观察和反馈。该评价模式旨在推动教师个人发展和专业成长，通过识别教师的个人发展需求，设定发展目标，并提供在职培训或自我发展机会，以增强教师履行工作职责的能力。任何单一的评价方法都存在局限性，无法确保评价信息的全面性和真实性。采用多种方法收集评价信息，可以弥补单一评价方法的不足，同时激发多方参与的积极性，从而提升评价的可信度。教师评价不应被视为一系列可以草率完成的例行公事，而应被视为一个持续、系统的过程，旨在促进教师个人专业能力的提升，帮助其规划职业生涯，明确未来发展方向。教师的专业成长是一个逐步演进的过程，因此，发展性教师评价注重教师在追求教育理想目标过程中的持续努力，而并非仅仅对教师进行终结性评价。发展性教师评价体现为一种动态的、纵向的评价机制。在教师评价方式的选择上，应采取多种评价方法相结合的方式，以增强评价的科学性和客观性。

第四章　教师评价内容的多维度建构

鉴于当前我国教师评价体系存在的问题和不足，同时考虑到实验区小学教师评价实施的实际情况和效果，我们提出了一种以评价主体为中心的全新评价体系构建方案。该方案旨在整合区域评价、学校考核、教师自身、学生以及家长等多方面的评价力量，确保评价内容能够全面覆盖区域、学校、教师、学生和家长的多方面需求。此外，在进行教师评价时，将综合考量各评价主体的职责特性，将过程性评价与终结性评价相结合，旨在构建一个全面且综合的教师评价体系。

在构建该评价体系的过程中，我们特别强调了评价的多元性和互动性。通过引入多元评价主体，打破传统的单一评价模式，让评价过程更加民主和透明。教师的自我评价可以促进其自我反思和专业成长，学生和家长的参与则有助于形成家校共育的良好氛围。此外，学校考核小组的评价则确保了评价的专业性和权威性。

基于此认识，我们高度关注教师评价内容来源的设计及依据的研究，从“区域、学校、教师、学生、家长”五个维度开展教师评价内容的设计与重构。

一、基于区域教育发展的教师评价内容建构

在区域教育实践过程中，教师专业成长遭遇诸多挑战，包括发展不均衡、培训效果不佳、评价体系不完善等问题。因此，对区域教师专业成长现状进行科学评估，分析其影响因素并提出相应的改进策略，可以为区域

教育管理机构提供决策参考，为完善教师专业发展体系提供实证支持。因此，教师评价在促进区域教育高质量发展方面扮演着至关重要的角色。

下文将通过实验区在小学教育绩效评价体系中实施促进教师发展评价的实践案例，探讨如何确立评价标准，细化评价指标，以确保评价过程的公正性与透明度。

（一）研究对象

1.样本选择

采用分层抽样法，覆盖该区60所小学（含城乡学校、不同办学规模的学校），确保样本的代表性。

2.对象特征

教师群体中，教龄分布为1～5年（35%）、6～15年（50%）、16年以上（15%）；学科覆盖语文、数学、综合实践等，全面反映专业发展差异。

（二）研究工具与数据来源

1.考核方案

《实验区小学教育教学绩效评价工作实施方案》是一个系统化的教育评价方案，本研究旨在对小学教育的教学质量进行全面评估。研究的整体设计基于“以评价促进建设、以评价促进改革、以评价促进管理、评价与建设相结合、重视建设过程”的原则，采用科学、系统、客观的评价方法，以推动学校教育教学质量的持续提升。

（1）评价目的

落实《义务教育学校管理标准》，全面评估教育教学质量。借助第三方评估机制，为教育决策提供科学依据，以促进教育公平和质量的提升。

（2）评价原则

①科学性：确保评价结果真实、准确、合理。

②系统性：从整体角度协调各要素，保证评价内容的系统性。

③客观性：减少主观因素的干扰，保障评价过程的专业性和独立性。

④创新性：借鉴先进理念，创新评价方式。

⑤保密性：严格保密评价工具和结果，分级分类公开。

（3）评价体系概述

评价内容A级指标包括学校发展（A1）、教师发展（A2）和学生发展（A3）三个维度。学校发展（A1）涵盖了学校管理（B1）、教学管理（B2）、特色发展（B3）三个B级指标；教师发展（A2）涵盖了职业道德（B4）、能力素养（B5）和专业发展（B6）三个B级指标；学生发展（A3）涵盖了全面发展（B7）这一B级指标。此外，每个B级指标又包括多个C级指标。

“教师发展”是方案中的一个重要二级指标（B级指标），分为三个三级指标（C级指标），分别从职业道德、能力素养、专业发展三个方面进行评估，总分值为100分。“教师发展”这一二级指标通过职业道德、能力素养和专业发展三个维度全面评估教师的综合素质。其中，职业道德强调教师的思想政治教育和行为规范，确保教师具备良好的师德；能力素养关注教师的教学能力和专业水平，通过校本教研和班主任能力提升来增强教师的教育教学能力；专业发展着重于教师的持续成长，通过完善的培训制度和优质资源支持教师的专业发展。以下是详细内容：

①职业道德（20分）

a.思想政治教育（5分）：用习近平新时代中国特色社会主义思想武装教师头脑，加强师德建设，促进教师践行社会主义核心价值观，增强立德树人的责任感。

b.教师行为规范（3分）：教师语言规范健康，举止文明礼貌，衣着整洁得体。

c.师德要求（5分）：教师尊重学生人格，不讽刺、挖苦、歧视学生，不体罚或变相体罚学生，不收受礼品，不从事有偿补课。

d.教师管理制度（5分）：健全教师管理制度，完善岗位设置、职称评聘、考核评价机制，落实班主任待遇，保障教师合法权益，激发教师积极性。

e.教师关怀（2分）：关心教师生活和身心健康，做好后勤服务，丰富教师精神文化生活，定期安排教师体检。

②能力素养（40分）

a.课程标准学习（10分）：组织教师学习课程标准，掌握学科教学的基本要求。

b.校本教研活动（10分）：开展校本教研，如集体备课、听课、说课、评课等活动，提高教师专业水平和教学能力。

c.班主任能力提升（10分）：落实《中小学班主任工作规定》，制定班主任培训计划，提高班主任组织管理能力和教育能力。

d.教师基本功训练（5分）：推动教师阅读经典，加强教育技能和教学基本功训练，提升普通话水平和规范汉字书写能力。

e.信息技术应用（5分）：提高教师信息技术和现代教育装备应用能力，促进科技与教育教学的深度融合。

③专业发展（40分）

a.培训制度完善（10分）：制定教师培训规划，指导教师制定专业发展计划，建立教师专业发展档案。

b.培训经费落实（10分）：将培训经费列入学校预算，支持教师参加培训，落实每位教师每5年不少于360学时的培训要求。

c.优质培训资源（10分）：引进优质培训资源，开展专题培训，促进教研、科研与培训有机结合，发挥校本研修的基础作用。

d.网络学习平台（10分）：鼓励教师利用网络学习平台开展教研活动，建设教师学习共同体。

2.学生问卷

（1）评价重点：教师的教学方法、教学能力、兴趣激发技巧，以及教师的责任感和职业道德表现。

（2）题目设计：

①教学方式与方法：征询学生对教师的教学方式、教学水平、课堂学习效率以及课堂积极性的满意度。

②激发兴趣：询问学生对教师是否能激发其学科学习兴趣，是否富于激情或感染力，是否能引发学生对学科的兴趣的看法。

③责任和师德：询问学生对教师责任心、关心程度、讲解清晰度、关注学生接受程度的满意度。

④其他：询问学生对教师板书、作业量、鼓励方式、课堂互动等方面的看法。

（3）特点：题目设计更贴近学生的实际感受，以了解学生对教师教学的满意度和对学科的兴趣程度。

3.家长问卷

（1）评价重点：教师的教学水平、师德表现、家校合作，涵盖学校的教育理念、教学管理以及安全事务等方面。

（2）题目设计：

①教学水平和师德：询问家长对教师教学水平、师德表现，对孩子错误的指正、责任心、耐心程度、关心程度的满意度。

②家校合作：询问家长对家校合作交流情况的满意度。

③学校管理：询问家长对学校的办学思想、校园建设、教师队伍建设、教学管理、教学质量、学习环境、教学设施、安全工作、德育工作、卫生环境等方面的满意度。

④其他：询问家长对孩子是否喜欢上学，是否听懂教师讲课，对社团活动、户外活动时间、作业量等方面的看法。

（3）特点：题目设计涵盖了学校管理和教育教学的各个方面，以了解家长对学校的整体满意度和对子女学习的关注点。

4.教师问卷

（1）评价重点

教师的专业发展、工作环境、学校管理、学生发展等方面。

（2）题目设计

①专业发展：询问教师对学校组织培训、教学研究氛围、专业发展需求调查、进修机会等方面的满意度。

②工作环境：询问教师对学校教学环境、工作环境、家校合作、师生关系、学习氛围、课程设计、设备资源等方面的满意度。

③学校管理：询问教师对学校发展规划、民主决策、教学评价制度、常规管理制度、师德建设、教学研究氛围、学生活动开展情况、重视学生综合素质培养等方面的满意度。

④学生发展：询问教师对自身工作的满意度、鼓励学生的频率、德育工作现状、学生活动开展情况等方面的看法。

（3）特点：题目设计更关注教师自身的发展和工作环境，以了解教师对学校的整体满意度和自身职业发展的需求。

5.校长问卷

（1）评价重点

学校发展规划、教学资源和硬件设施、教师队伍、学生发展等方面。

（2）题目设计

①学校发展规划：询问学校是否有清晰的发展方向、是否考虑各方面条件、发展规划是否落实、是否总结不足等。

②教学资源和硬件设施：询问学校是否具备教学材料、办公耗材、空间场地、照明系统、教室、教师用计算机、学生用计算机、多媒体设备、网络资源、图书资料、体育运动设备和场馆等。

③教师队伍：询问教师年龄结构、流动性、师德建设情况、有偿家教情况等。

④学生发展：询问学校是否有课程自主权、如何公布学生成绩、提供哪些课外活动、办学质量、特色亮点等。

（3）特点：题目设计更关注学校的管理和发展，以了解学校的发展现状和面临的挑战。

（三）数据分析方法

1.定量分析

针对调查问卷所收集的数据，应运用统计软件（例如SPSS或Excel）进行数据录入、清洗以及分析工作。通过描述性统计、相关性分析和回归分析等方法，探讨教师专业发展的相关因素及其影响程度。

2. 定性分析

对听课、评课的记录和访谈资料进行主题分析。通过编码和分类，提炼出教师专业发展的主要问题和成功经验以及改进策略的建议。定性分析将帮助我们深入理解教师专业发展的复杂性和多样性。

通过上述研究设计，全面且系统地剖析小学教师专业发展现状，为提出有效的改进策略提供科学依据。

（四）考核方案实施结果分析

1. A级指标得分率

结合图4-1可以发现，该区小学在教师发展方面（A2）得分率较高，达到87%；在学校发展（A1）和学生发展（A3）两方面的得分率相对较低，分别是80%和82%，这应引起学校相关部门的重视。

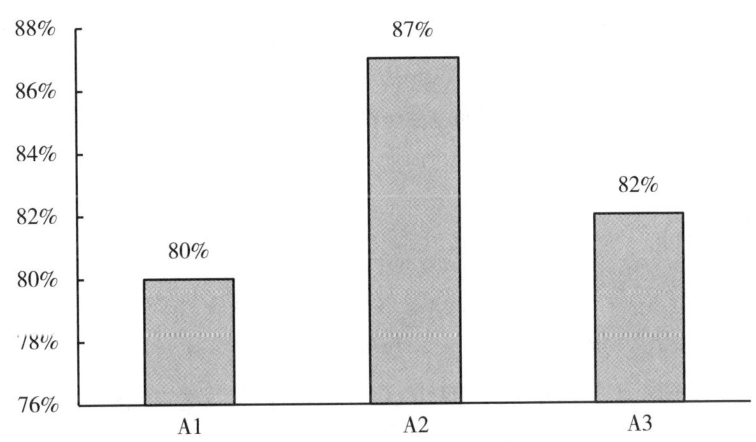

图4-1　该区小学教育教学绩效评价A级指标的各项平均得分率（%）

2. B级指标得分率

结合图4-2可以发现，该区小学在学校教学管理（B2）、教师发展（B4—B6）以及学生全面发展（B7）三个方面的得分率较高，达到85%及以上；但是在学校管理（B1）和学校特色发展（B3）这两方面的得分率相

对较低，分别是75%和82%。

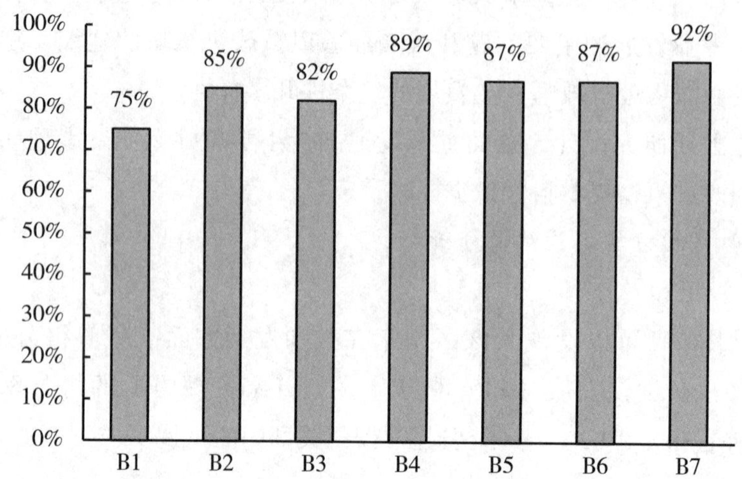

B1学校管理；B2教学管理；B3特色发展；B4职业道德；B5能力素养；B6专业发展；B7全面发展。

图4-2 该区小学教育教学绩效评价B级指标的各项平均得分率（%）

3.C级指标得分率

结合图4-3可以发现，该区小学在促进学生的全面发展方面（C16—C20）得分率较高，均维持在89%及以上，说明该区小学在提升学生道德品质、帮助学生学会学习、增进学生身心健康、提高学生艺术素养和培养学生生活本领方面成效卓著。但该区小学在学校特色发展方面（C10—C12）还有待提升，尤其是在构建完善的学校文化体系和推进全国体育联盟等教育试点项目工作这两方面的得分率稍低，分别为79%和81%。

总体来说，该区小学的各级指标得分率较为稳定。

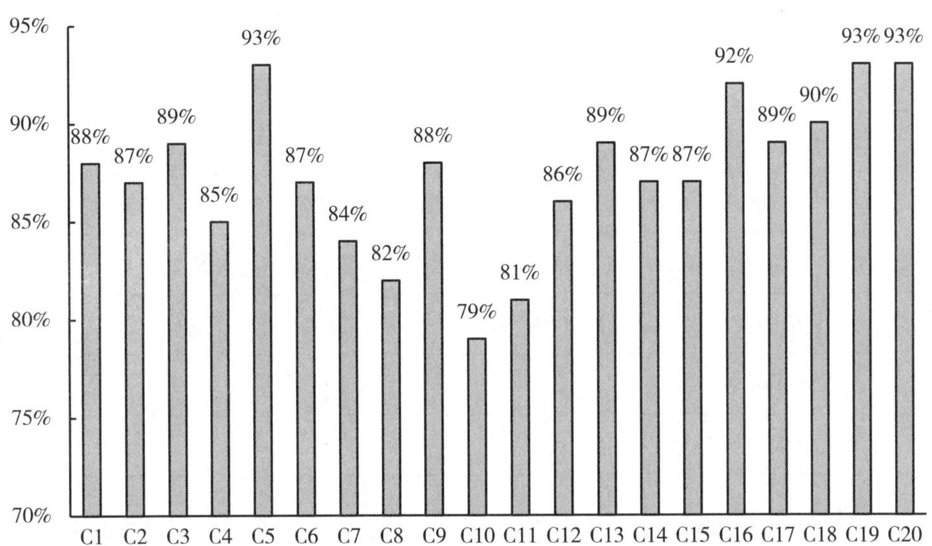

C1依据学校《章程》，提升依法科学管理能力；C2建立健全民主管理制度，构建和谐的家庭、学校、社区合作关系；C3科学规划学校发展，年度工作部署到位；C4推进“一体化办学”工作，积极参与“学区化管理”；C5建立控辍保学工作机制，严控大班额；C6全面落实三级课程方案，建设适合学生发展的课程；C7实施以学生发展为本的教学，有效提升课堂教学质量；C8完善教育质量监控制度，建立促进学生发展的评价体系；C9加强学校办学条件改善，提供便利实用的教学资源；C10构建较完善的学校文化体系，营造健康向上的学校文化；C11大力推进全国体育联盟等教育试点项目工作；C12重视学校特色建设，形成“一校一品牌、校校有特色”的格局；C13加强教师管理和职业道德建设；C14提高教师教育教学能力；C15建立教师专业发展支持体系；C16提升学生道德品质；C17帮助学生学会学习；C18增进学生身心健康；C19提高学生艺术素养；C20培养学生生活本领。

图4-3 该区小学教育教学绩效评价C级指标的各项得分率（%）

（五）问卷调查结果分析

1.学生问卷调查结果分析

（1）教师教学方式与教学水平

对教师的教学方式和教学水平，学生的满意率为96.60%（表4-1）。这表明大部分学生对教师的教学方式和教学水平基本满意，但仍有改进空间。

【问题1】你对现在的任课老师的教学方式和教学水平感到：

表4-1　学生对教师教学方式和教学水平的满意度统计表

选项	小计	比例
A.很满意	20562	66.28%
B.满意	9389	30.27%
C.一般	949	3.06%
D.不满意	122	0.39%
本题有效填写人次	31022	

对教师在课堂上提供互动机会的满意度调查，满意率为95.40%（表4-2）。这进一步印证了学生对教师在课堂互动方面的积极评价。

【问题2】老师们上课是否为你提供讨论、质疑、探究、合作、交流的机会？

表4-2　学生对教师提供互动机会的满意度统计表

选项	小计	比例
A.经常提供	20397	65.75%
B.常提供	8964	28.9%
C.很少	1550	5%
D.不提供	64	0.21%
E.完全不提供	47	0.15%
本题有效填写人次	31022	

结果分析：教师在课堂互动方面表现较好，能够为学生提供讨论和探究的机会，但部分学生对教学方式和教学水平的评价较低，可能需要进一步优化教学方法，提升教学水平。

（2）激发兴趣的能力

对于教师能否激发学生兴趣的满意度调查，选择“能”和“较能”的学生占比分别为84.05%和14.24%（见表4-3），这表明大部分学生认为教师能够激发他们的学习兴趣。

【问题3】你的老师教授的课程能否激发你对该学科的学习兴趣？

表4-3　学生对教师激发兴趣的满意度统计表

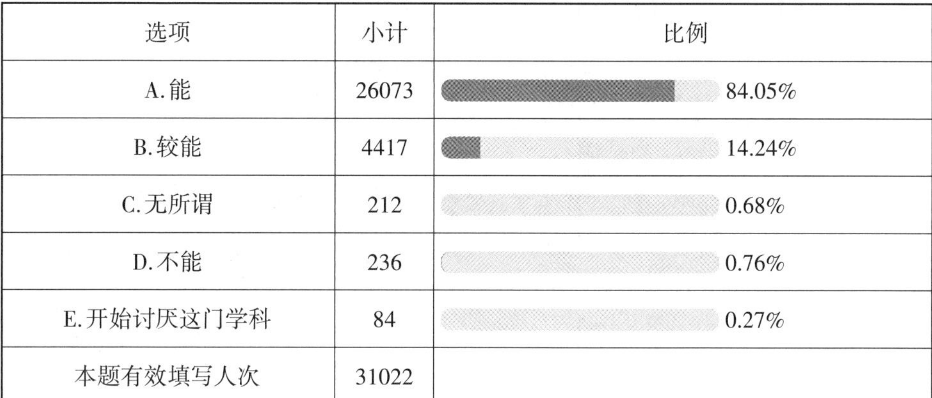

选项	小计	比例
A.能	26073	84.05%
B.较能	4417	14.24%
C.无所谓	212	0.68%
D.不能	236	0.76%
E.开始讨厌这门学科	84	0.27%
本题有效填写人次	31022	

对教师知识水平的统计调查，选择“很丰富”和“丰富”的学生占比分别为68.48%和28.33%（见表4-4），说明学生对教师的知识水平评价较高。

【问题4】你的任课老师的知识是否丰富，对学科内容是否熟悉？

表4-4　教师知识水平统计表

选项	小计	比例
A.很丰富	21244	68.48%
B.丰富	8789	28.33%
C.一般	886	2.86%
D.不丰富	41	0.13%
E.欠缺	62	0.2%
本题有效填写人次	31022	

结果分析：教师的知识储备丰富，能够有效激发学生的学习兴趣，但部分学生可能仍对教师的激发兴趣能力有更高期待，建议进一步探索多样化的教学方法。

（3）教师的责任心

对于教师的责任心程度，学生的满意率为97.40%（见表4-5）。这表明大部分学生都认为自己的老师富有责任心。

【问题5】你对本班教师的责任心满意吗？

表4-5　学生对教师的责任心满意度统计表

选项	小计	比例
A.很满意	23555	75.93%
B.满意	6840	22.05%
C.一般	536	1.73%
D.不满意	91	0.29%
本题有效填写人次	31022	

学生对课堂积极性的满意度调查，满意率为82.00%（见表4-6）。这表明部分学生可能感到课堂积极性不足，需要教师进一步关注。

【问题6】你对自己在课堂上的积极性、活跃程度感到：

表4-6　学生对课堂积极性满意度统计表

选项	小计	比例
A.很满意	13749	44.32%
B.满意	11685	37.67%
C.一般	4991	16.09%
D.不满意	597	1.92%
本题有效填写人次	31022	

结果分析：教师的责任心得到了学生的高度认可，但教师可以进一步关注学生在课堂上的积极性，通过多样化的教学方法提升学生的参与度。

（4）师德表现

对教师师德表现的满意度调查，学生的满意率为95.00%，抱怨率为0.60%（见表4-7）。这表明学生对教师的言谈举止和尊重学生的行为非常满意。

【问题7】你认为老师在言谈举止、尊重学生、为人师表方面做得如何？

表4-7　教师的师德表现统计表

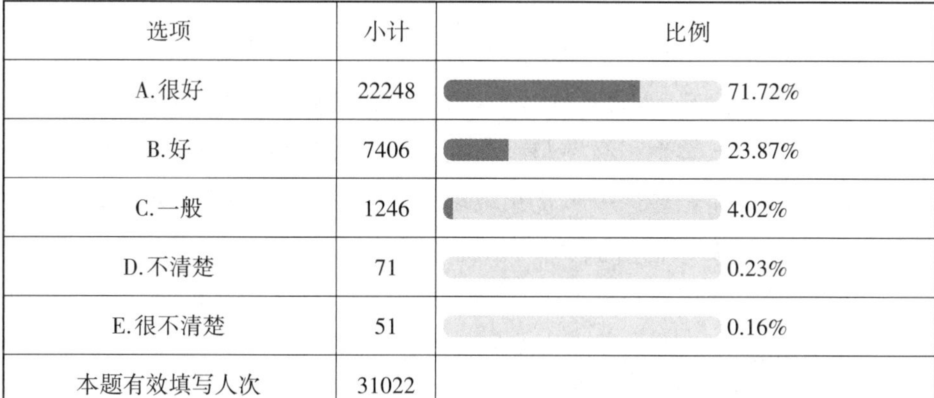

选项	小计	比例
A.很好	22248	71.72%
B.好	7406	23.87%
C.一般	1246	4.02%
D.不清楚	71	0.23%
E.很不清楚	51	0.16%
本题有效填写人次	31022	

对教师在鼓励学生方面的满意度调查，学生的满意率为98.60%，抱怨率为0.80%（见表4-8）。这进一步印证了教师在激励学生方面的积极表现。

【问题8】当你学习有了进步或取得好成绩时，老师会鼓励你吗？

表4-8　教师在激励学生方面的表现统计表

选项	小计	比例
A.会	25879	83.42%
B.一定会	4521	14.57%
C.无所谓	460	1.48%
D.打击你	31	0.1%

续表4-8

选项	小计	比例
E.置之不理	131	0.42%
本题有效填写人次	31022	

结果分析：教师的师德表现和对学生进步的鼓励得到了学生的高度认可，这是教师的重要优势，但要想继续保持良好的师德表现，需要进一步关注学生的个体差异，提供更有针对性的鼓励。

（5）综合分析

教师的言谈举止和尊重学生的行为得到了学生的高度认可；教师的知识储备丰富，能够有效激发学生的学习兴趣；教师在课堂上提供讨论和探究的机会，有助于学生积极参与。然而，部分学生对教师的教学方式和水平评价较低，教师需要进一步优化教学方法；部分学生感到课堂积极性不足，教师需要通过多样化的教学方法提升学生的参与度。

总体而言，教师在责任心和师德表现方面得到了学生的高度认可，但在教学方式和激发学生积极性方面仍有提升空间。

2.家长问卷调查结果分析

（1）教师的教学水平

【问题1】您对学校教师的教学水平满意吗？

表4-9　家长对教师教学方式和教学水平的满意度统计表

选项	小计	比例
A.非常满意	16706	56.64%
B.满意	11194	37.95%
C.一般	1414	4.79%
D.不满意	182	0.62%
本题有效填写人次	29496	

结果分析：家长对教师教学水平的整体满意度较高，超过94%的家长表示满意或非常满意（见表4-9）。这表明家长普遍认为教师在教学方面表现出色，能够满足学生的教育需求。

（2）教师的师德表现

【问题2】您对学校教师的师德表现满意吗？

表4-10 家长对学校教师的师德表现的满意度统计表

选项	小计	比例
满意	27531	93.34%
一般	1629	5.52%
不满意	200	0.68%
不了解	136	0.46%
本题有效填写人次	29496	

结果分析：家长对教师的师德表现评价非常高，超过93%的家长表示满意（见表4-10）。这说明家长普遍认可教师在职业道德和行为规范方面的表现，认为教师能够为人师表、尊重学生。

（3）家校合作

【问题3】您对家校合作交流情况满意吗？

表4-11 家长对家校合作交流情况满意度统计表

选项	小计	比例
A.非常满意	15644	53.04%
B.满意	11970	40.58%
C.一般	1663	5.64%
D.不满意	219	0.74%
本题有效填写人次	29496	

结果分析：家长对家校合作的满意度较高，超过93%的家长表示满意或非常满意（见表4-11）。这表明学校在促进家长与教师之间的沟通和合作方面做得较好，能够有效支持学生的教育和发展。

（4）学校的办学理念

【问题4】您对学校的办学思想、理念、方向满意吗？

表4-12　家长对学校的办学理念和方向的满意度统计表

选项	小计	比例
A.非常满意	17874	60.6%
B.满意	10576	35.86%
C.一般	961	3.26%
D.不满意	85	0.29%
本题有效填写人次	29496	

结果分析：家长对学校的办学理念和方向的满意度非常高，超过96%的家长表示满意或非常满意（见表4-12）。这说明学校的办学理念得到了家长的广泛认可，家长认为学校的发展方向符合他们的期望。

（5）教学管理

【问题5】您对学校的教学管理满意吗？

表4-13　家长对学校的教学管理满意度统计表

选项	小计	比例
A.非常满意	16497	55.93%
B.满意	11573	39.24%
C.一般	1294	4.39%
D.不满意	132	0.45%
本题有效填写人次	29496	

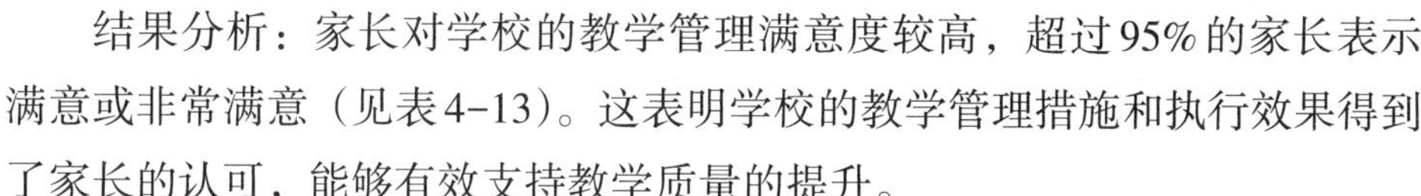

结果分析：家长对学校的教学管理满意度较高，超过95%的家长表示满意或非常满意（见表4-13）。这表明学校的教学管理措施和执行效果得到了家长的认可，能够有效支持教学质量的提升。

（6）安全工作

【问题6】您对学校的安全工作满意吗？

表4-14 家长对学校的安全工作满意度统计表

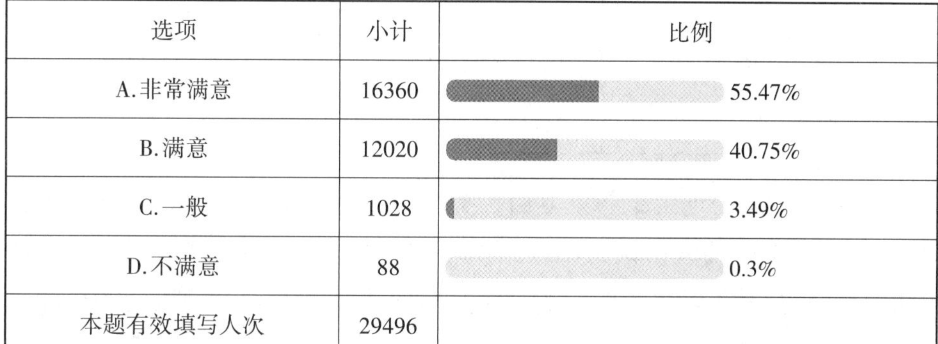

选项	小计	比例
A.非常满意	16360	55.47%
B.满意	12020	40.75%
C.一般	1028	3.49%
D.不满意	88	0.3%
本题有效填写人次	29496	

结果分析：家长对学校的安全工作满意度非常高，超过96%的家长表示满意或非常满意（见表4-14）。这说明学校在校园安全方面的工作得到了家长的高度认可，家长认为学校能够为学生提供安全的学习环境。

（7）综合分析

家长对教师的教学水平、师德表现、家校合作、办学理念和方向、教学管理满意度和安全工作整体满意度较高，但仍有改进空间。学校可以进一步加强教师培训，提升教学方法和效果；增加家长参与学校活动的机会，定期组织家长会和沟通活动；进一步完善校园安全设施和管理措施，确保学生安全。

3.教师问卷调查结果分析

（1）教师的专业发展

【问题1】学校经常组织教师培训吗？

表4-15　教师培训的组织频率统计表

选项	小计	比例
A.经常组织	2643	79.82%
B.组织	641	19.36%
C.没有	11	0.33%
D.不组织	4	0.12%
E.没听说过	12	0.36%
本题有效填写人次	3311	

结果分析：培训组织频率方面，有79.82%的教师认为学校经常组织教师培训，19.36%的教师认为学校组织培训（见表4-15）。这表明学校在教师培训方面投入了较多资源，为教师提供了丰富的专业发展机会。教师对培训的频率和质量普遍感到满意，这有助于提升教师的专业能力和教学水平。

【问题2】您认为学校在注重骨干教师的培养，并能加强每一个教师的培训方面做得怎么样？

表4-16　教师对骨干教师培养的满意度统计表

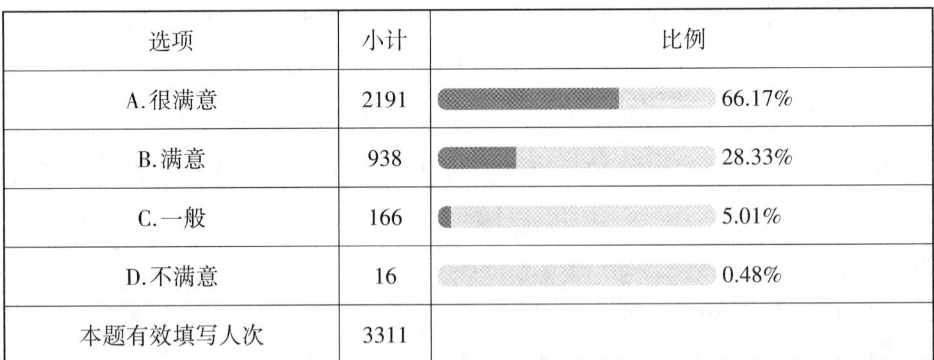

选项	小计	比例
A.很满意	2191	66.17%
B.满意	938	28.33%
C.一般	166	5.01%
D.不满意	16	0.48%
本题有效填写人次	3311	

结果分析：学校在骨干教师培养方面，66.17%的教师表示很满意，28.33%的教师表示满意（见表4-16）。这表明学校在骨干教师培养方面做得

较好，同时也没有忽视其他教师的培训，有利于整体教师队伍的专业水平提升。

【问题3】您认为学校教学研究的氛围怎样？

表4-17　教师对教学研究氛围的感受统计表

选项	小计	比例
浓厚	3037	91.72%
一般	253	7.64%
欠缺	21	0.63%
本题有效填写人次	3311	

结果分析：在教学研究氛围方面，91.72%的教师认为教学研究氛围浓厚（见表4-17）。这为教师的专业发展提供了良好的环境，教师可以在浓厚的研究氛围中不断探索、创新教学方法，提升教学质量，进而促进自身专业发展。

（2）工作环境

【问题4】您对学校的教学环境的满意度是：

表4-18　教师对教学环境的满意度统计表

选项	小计	比例
A.很满意	2202	66.51%
B.满意	908	27.42%
C.一般	165	4.98%
D.不满意	36	1.09%
本题有效填写人次	3311	

结果分析：在教学环境方面，66.51%的教师表示很满意，27.42%的教师表示满意（见表4 18）。这说明学校的教学环境得到了教师的广泛认可，良好的教学环境有助于教师更好地开展教学工作。

【问题5】您对学校的工作环境的满意度是：

表4-19　教师对学校的工作环境的满意度统计表

选项	小计	比例
A.很满意	2169	65.51%
B.满意	884	26.7%
C.一般	220	6.64%
D.不满意	38	1.15%
本题有效填写人次	3311	

结果分析：在工作环境满意度方面，65.51%的教师很满意，26.7%的教师满意（见表4-19）。这表明学校的工作环境整体较好，能够满足教师的工作需求，使教师在工作中感到舒适和愉悦。

【问题6】您对学校的家校合作的满意度是：

表4-20　教师对学校的家校合作的满意度统计表

选项	小计	比例
A.很满意	2102	63.49%
B.满意	971	29.33%
C.一般	208	6.28%
D.不满意	30	0.91%
本题有效填写人次	3311	

结果分析：在家校合作方面，63.49%的教师很满意，29.33%的教师满意（见表4-20）。良好的家校合作可以让教师更好地了解学生的学习情况和家庭背景，从而有针对性地开展教学工作，同时也为教师的工作提供了更多的支持和帮助。

（3）学校管理

【问题7】您对学校的各项常规管理制度健全，并能很好地贯彻落实方面感到：

表4-21　教师对学校管理制度的满意度统计表

选项	小计	比例
A.很满意	2211	66.78%
B.满意	958	28.93%
C.一般	127	3.84%
D.不满意	15	0.45%
本题有效填写人次	3311	

结果分析：在管理制度方面，66.78%的教师很满意，28.93%的教师满意（见表4-21）。这说明学校的常规管理制度较为完善，并且能够得到有效执行，这有助于学校保持良好的教学秩序和工作秩序，为教师的工作提供保障。

【问题8】你对学校在重大问题上能民主决策，并接受职工监督方面感到：

表4-22　教师对民主决策与监督方面的满意度统计表

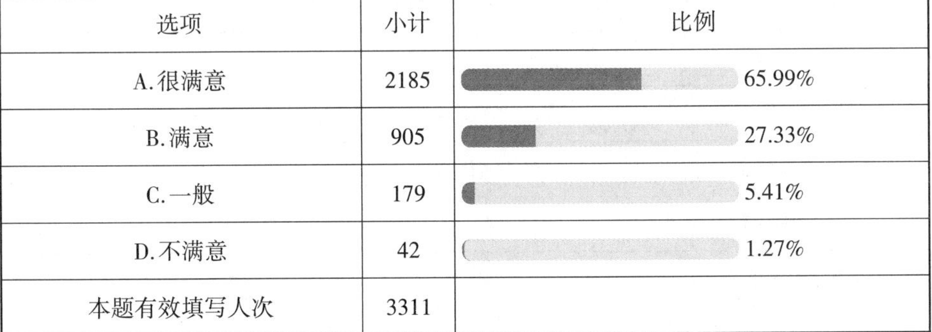

选项	小计	比例
A.很满意	2185	65.99%
B.满意	905	27.33%
C.一般	179	5.41%
D.不满意	42	1.27%
本题有效填写人次	3311	

结果分析：在民主决策与监督方面，65.99%的教师很满意，27.33%的教师满意（见表4-22）。表明学校在重大问题决策上能够充分听取教师的意

见和建议，并接受教师的监督，这体现了学校管理的民主性和透明性，有利于增强教师对学校的认同感和归属感。

【问题9】您对学校的教学评价制度满意吗？

表4-23　教师对学校的教学评价制度满意度统计表

选项	小计	比例
A.很满意	2101	63.46%
B.满意	1021	30.84%
C.一般	165	4.98%
D.不满意	24	0.72%
本题有效填写人次	3311	

结果分析：在教学评价制度合理性方面，63.46%的教师很满意，30.84%的教师满意（见表4-23）。这说明学校的教学评价制度得到了大多数教师的认可，合理的教学评价制度可以激励教师不断改进教学方法，提高教学质量。

（4）学生发展

【问题10】您对学校学生活动的开展情况表示：

表4-24　教师对学生活动开展情况的满意度统计表

选项	小计	比例
A.很满意	2338	70.61%
B.满意	880	26.58%
C.一般	84	2.54%
D.不满意	9	0.27%
本题有效填写人次	3311	

结果分析：在学生活动开展方面，70.61%的教师很满意，26.58%的教师满意（见表4-24）。丰富的学生活动可以为学生提供展示自我、锻炼能力

的平台，促进学生的全面发展。

【问题11】您认为学校重视学生综合素质的培养吗？

表4-25　教师认为学校对学生综合素质培训的重视度统计表

选项	小计	比例
很重视	3076	92.9%
一般	222	6.7%
只重视考试成绩	13	0.39%
本题有效填写人次	3311	

结果分析：在学生综合素质培养方面，92.9%的教师认为学校很重视学生综合素质的培养（见表4-25）。这表明学校在教育教学过程中不仅注重学生的学业成绩，还关注学生的品德修养、兴趣爱好、社会实践等多方面的发展，有利于培养全面发展的学生。

【问题12】您对您和师生之间的关系感到：

表4-26　教师对师生关系的满意度统计表

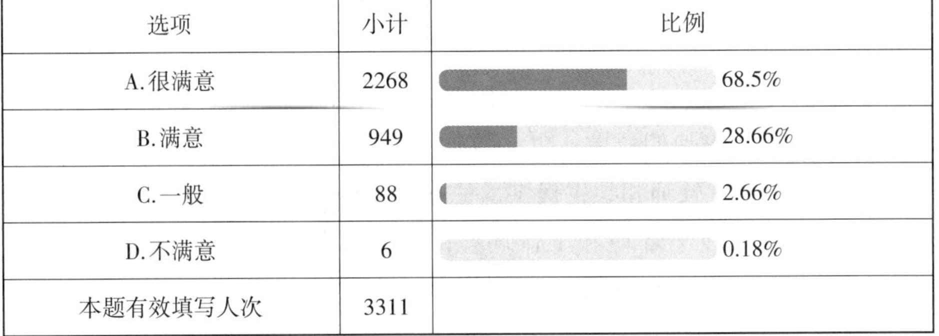

选项	小计	比例
A.很满意	2268	68.5%
B.满意	949	28.66%
C.一般	88	2.66%
D.不满意	6	0.18%
本题有效填写人次	3311	

结果分析：在师生关系方面，68.5%的教师很满意，28.66%的教师满意（见表4-26）。良好的师生关系有助于学生更好地接受教育，同时也为教师的教学工作提供了便利，使教师能够更好地了解学生、引导学生发展。

（5）总体满意度

【问题13】您对自己在学校工作的满意度如何？（单选题）

表4-27　教师对学校工作的满意度统计表

选项	小计	比例
A.很满意	2315	69.92%
B.满意	885	26.73%
C.一般	103	3.11%
D.不满意	6	0.18%
E.很不满意	2	0.06%
本题有效填写人次	3311	

结果分析：在教师总体满意度方面，69.92%的教师很满意，26.73%的教师满意（见表4-27）。这说明教师对学校整体的工作环境、管理等方面较为满意。学校在教师专业发展、工作环境、学校管理、学生发展等方面都取得了较好的成效，为教师和学生的发展提供了良好的条件。

（6）综合分析

学校在教师培训、教学研究氛围、家校合作、学生活动开展等方面表现出色，得到了教师的高度认可；教师对学校的整体满意度较高，说明学校在各个方面都为教师和学生提供了良好的支持和发展空间。

尽管教师对教学环境和工作环境的满意度较高，但仍有部分教师认为环境“一般”，学校可以进一步优化教学设施和工作条件，提升教师的舒适度和满意度；在教学评价制度方面，仍有部分教师认为需要改进，学校可以进一步完善评价体系，使其更加科学、合理，更好地激励教师发展。

4.校长问卷调查结果分析

（1）学校发展规划

表4–28　校长在学校发展规划方面的表现

题目＼选项	非常不符合	不符合	一般	比较符合	非常符合
学校有清晰的发展方向	1(0.65%)	0(0%)	2(1.29%)	41(26.45%)	111(71.61%)
学校发展规划会通过学期计划进行落实	1(0.65%)	0(0%)	4(2.58%)	45(29.03%)	105(67.74%)
学校给教师描述了学校以后发展的蓝图	0(0%)	0(0%)	4(2.58%)	62(40%)	89(57.42%)

结果分析：71.61%的校长表示学校有清晰的发展方向；67.74%的校长认为学校发展规划能够通过学期计划落实；57.42%的校长认为学校为教师描述了未来发展的蓝图（见表4–28）。这表明多数学校在发展规划方面表现良好，能够明确目标并逐步落实。

（2）教学资源和硬件设施

表4–29　教学资源和硬件设施的配备情况

题目＼选项	没有	有，不能满足需要	有，基本满足需要	有，满足需要	有，完全满足需要
学校空间和场地	3(1.94%)	45(29.03%)	45(29.03%)	33(21.29%)	29(18.71%)
照明系统、供热/制冷	0(0%)	6(3.87%)	32(20.65%)	47(30.32%)	70(45.16%)
学生用计算机	3(1.94%)	8(5.16%)	28(18.06%)	47(30.32%)	69(44.52%)
多媒体设备(含交互式电子白板)	1(0.65%)	3(1.94%)	18(11.61%)	47(30.32%)	86(55.48%)
体育运动设备和场馆	2(1.29%)	40(25.81%)	55(35.48%)	32(20.65%)	26(16.77%)

结果分析：18.71%的学校表示学校空间和场地完全满足需求；45.16%表示照明系统、供热/制冷完全满足需求；44.52%表示学生用计算机完全满

足需求；55.48%表示多媒体设备完全满足需求；仅16.77%的学校表示体育运动设备和场馆完全满足需求，说明学校在硬件设施方面仍存在不足（见表4–29）。

（3）教师队伍

【问题1】你校近三年教师流动性：

表4–30　教师流动情况

选项	小计	比例
年年有流出	114	73.55%
年年有流入	95	61.29%
偶尔有流出	14	9.03%
偶尔有流入	13	8.39%
没有流动	0	0%
本题有效填写人次	155	

【问题2】你校教师年龄结构情况：

表4–31　教师年龄结构

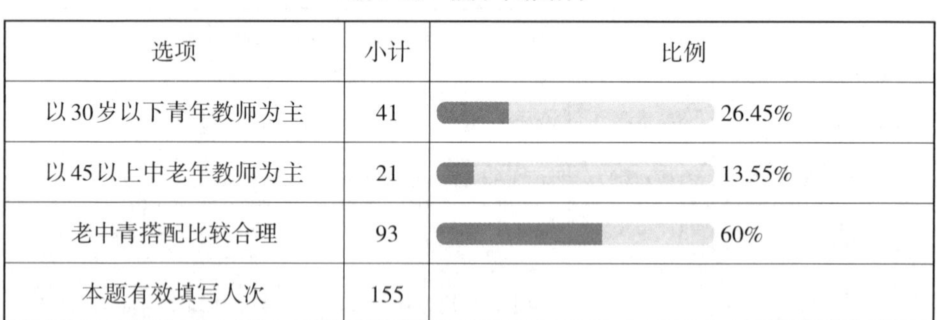

选项	小计	比例
以30岁以下青年教师为主	41	26.45%
以45以上中老年教师为主	21	13.55%
老中青搭配比较合理	93	60%
本题有效填写人次	155	

结果分析：73.55%的学校年年有教师流出，61.29%的学校年年有教师流入，这说明教师队伍流动性较高（见表4–30）。60%的学校教师年龄结构合理，这说明老中青搭配较为科学（见表4–31）。

（4）学生发展

【问题3】你校为学生提供了哪些课外活动？

表4-32　学生课外活动开展情况调查表

选项	小计	比例
A. 学科活动（调查实验等）	143	92.26%
B. 科技活动（科技节等）	151	97.42%
C. 社会活动（参观考察等）	149	96.13%
D. 文学艺术活动（音乐舞蹈绘画等）	153	98.71%
E. 文体活动（歌咏比赛运动会等）	151	97.42%
F. 劳动技术活动（植树等）	141	90.97%
本题有效填写人次	155	

【问题4】请根据您校的实际情况作答：

表4-33　学生个性化发展情况

题目＼选项	非常不符合	不符合	一般	比较符合	非常符合
学习不好的同学受到特别爱护和关注	0（0%）	0（0%）	6（3.87%）	53（34.19%）	96（61.94%）
我校的校本课程实施效果不理想	46（29.68%）	79（50.97%）	11（7.1%）	14（9.03%）	5（3.23%）

结果分析：92.26%的学校能提供学科活动；97.42%的学校能提供科技活动；96.13%的学校能提供社会活动；98.71%的学校能提供文学艺术活动；97.42%的学校能提供文体活动；90.97%的学校能提供劳动技术活动（见表4-32）。说明学校在课外活动方面投入较大。61.94%的校长认为学习不好的同学受到了特别的爱护和关注；50.97%认为校本课程实施效果不理想（见表4-33）。说明学校在学生个性化发展方面仍有提升空间。

（5）综合分析

从校长问卷调查结果来看，该区的学校在学生活动开展方面表现良好，得到了多数校长的认可。然而，学校在硬件设施、教师队伍稳定性和校本课程实施等方面仍存在不足，需要进一步改进和优化。通过加强资源投入、优化教师队伍管理和提升课程设计质量，学校可以更好地促进学生的全面发展，实现教育目标。

（六）听课评课结果分析

考核组对该区60个小学教师的课堂教学情况通过随机听课、评课进行抽查，做出考核评价并填写听评课量表。本次的听评课量表分为四个维度，分别是教师教学行为、学生学习情况、师生互动情况和课堂整体效果。教师教学行为的考核是通过对教学目标、教学内容、回顾和反思三个评价指标实现的，得分率为76.87%，是四个维度中得分率最高的维度。学生的学习行为包括主动参与、思维活跃、主动寻求合作和良好的注意状态四个方面，得分率为75.15%。在四个维度中，师生互动情况的平均得分最低，得分率为74.67%，它分为课堂氛围、学生主动性和教学活动三个指标。课堂整体情况的得分率为75.20%，分为课程标准、重难点、课程情境、教学思想、教学方法、课堂效益、教学环节、教学方式、学习积极性和教学收获十个评价指标。可以看出，各个维度的得分率相差不大，具体情况见图4–4。

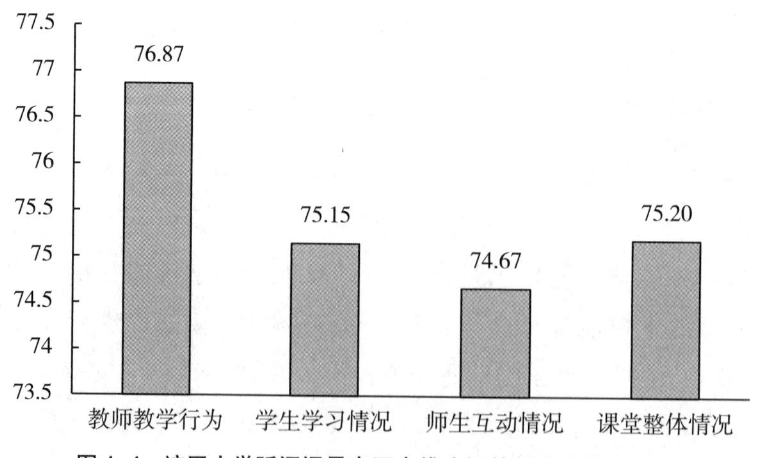

图4–4　该区小学听评课量表四个维度课的得分率情况（%）

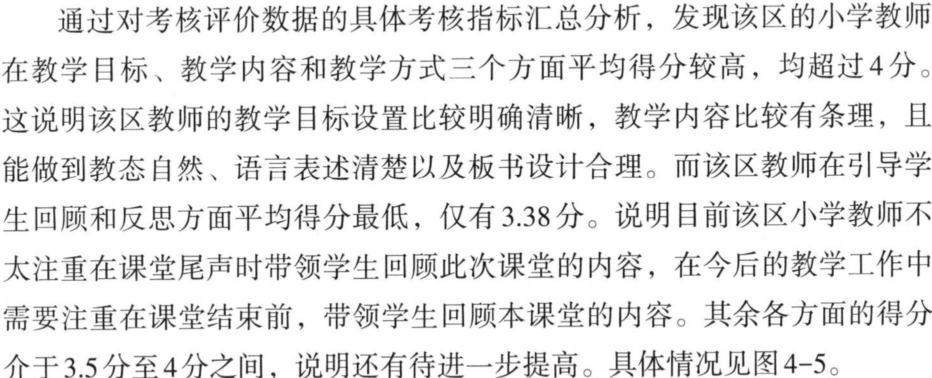

通过对考核评价数据的具体考核指标汇总分析，发现该区的小学教师在教学目标、教学内容和教学方式三个方面平均得分较高，均超过4分。这说明该区教师的教学目标设置比较明确清晰，教学内容比较有条理，且能做到教态自然、语言表述清楚以及板书设计合理。而该区教师在引导学生回顾和反思方面平均得分最低，仅有3.38分。说明目前该区小学教师不太注重在课堂尾声时带领学生回顾此次课堂的内容，在今后的教学工作中需要注重在课堂结束前，带领学生回顾本课堂的内容。其余各方面的得分介于3.5分至4分之间，说明还有待进一步提高。具体情况见图4-5。

（七）研究成果总结

本研究以该区小学和幼儿园教师专业发展为切入点，通过分析评价指标体系、教师问卷、家长问卷及学校问卷的相关数据，对区域教师专业发展的现状、问题及改进路径进行了深入探讨，取得了以下研究成果：

1.明确教师专业发展的现状

（1）职业道德方面：教师在思想政治教育、行为规范、师德要求等方面表现出色，能尊重学生、遵守职业道德规范，为学生树立了良好的道德榜样。

（2）能力素养方面：教师在课程标准学习、校本教研活动、班主任能力提升和教学基本功训练等方面表现良好，但在教学方式创新和课堂积极性调动上还有一定的提升空间。

（3）专业发展方面：教师培训制度较为完善，培训经费得到保障，优质培训资源不断引进，网络学习平台的利用也逐渐普及，为教师持续成长提供了有力支持。

2.揭示影响教师专业发展的因素

（1）学校管理与支持：学校发展规划、教学资源与硬件设施、教师队伍的稳定性以及学生发展等因素对教师专业发展有着重要影响。明确的发展方向和合理的资源配置能为教师提供更好的教学环境和专业成长机会。

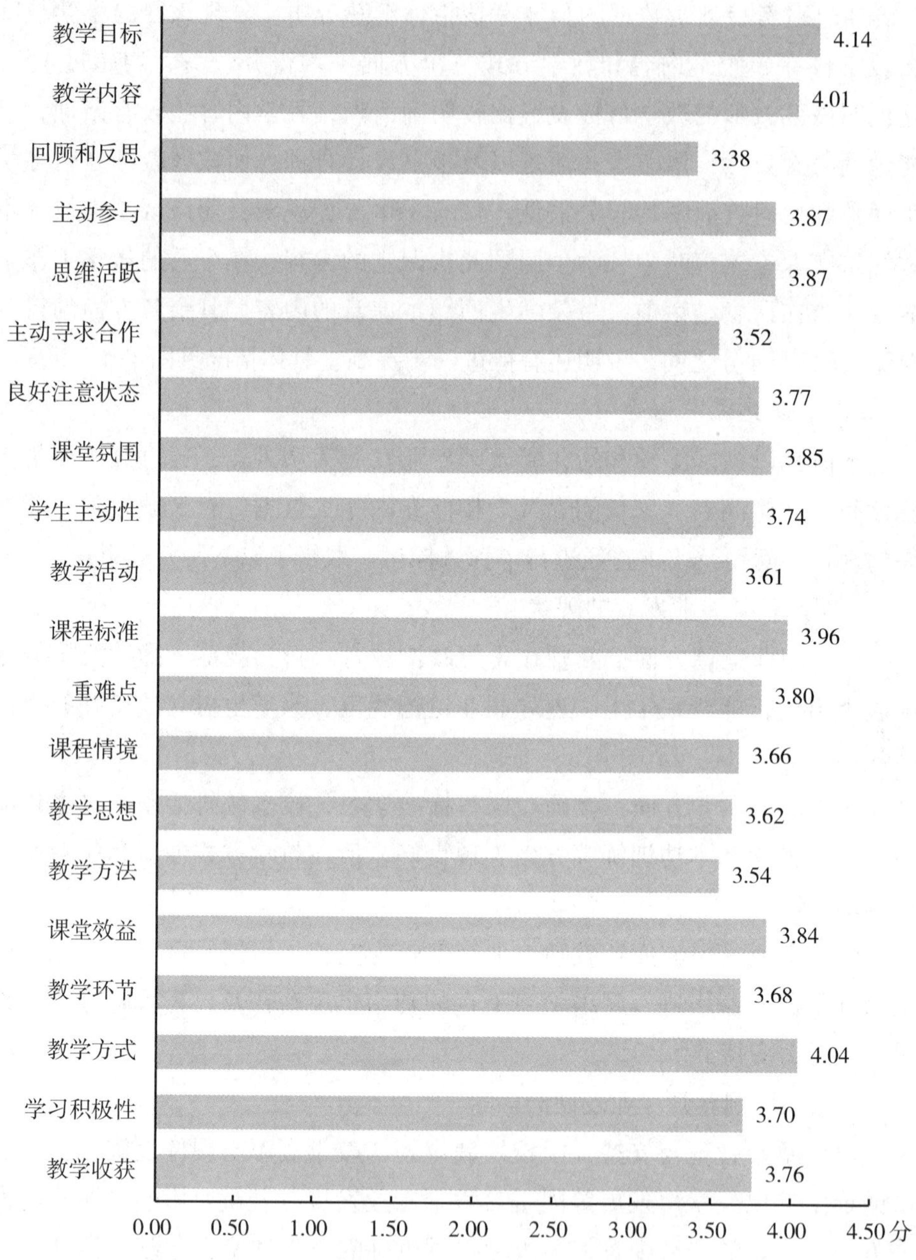

项目	得分
教学目标	4.14
教学内容	4.01
回顾和反思	3.38
主动参与	3.87
思维活跃	3.87
主动寻求合作	3.52
良好注意状态	3.77
课堂氛围	3.85
学生主动性	3.74
教学活动	3.61
课程标准	3.96
重难点	3.80
课程情境	3.66
教学思想	3.62
教学方法	3.54
课堂效益	3.84
教学环节	3.68
教学方式	4.04
学习积极性	3.70
教学收获	3.76

0.00 0.50 1.00 1.50 2.00 2.50 3.00 3.50 4.00 4.50分

图4-5　该区小学听评课量表的具体得分情况

（2）家校合作与社会环境：良好的家校合作能够增进家长对学校教育的理解与支持，形成教育合力，促进教师专业发展。同时，社会对教育的重视程度和教育资源的投入也会影响教师专业发展的外部环境。

（3）教师自身素养与动力：教师的教育教学能力、学习态度、自我提升意识等内在因素是专业发展的关键。教师需要不断学习新知识、新技能，积极参加培训和教研活动，以提升自身专业素养。

3.提出切实可行的改进策略

（1）优化评价体系：构建融合量化与质性评价的教师专业发展评价模型，全面、准确地评估教师的专业发展水平。在现有评价体系基础上，细化指标，加强数据联动分析，使评价结果更具科学性和指导性。

（2）加强培训与支持：进一步完善教师培训制度，增加培训经费投入，引进更多优质培训资源，为教师提供多样化的培训机会。同时，鼓励教师利用网络学习平台开展自主学习，促进教师专业成长。

（3）营造良好的教育环境：学校应加强自身管理，优化教学资源与硬件设施，提高教师队伍的稳定性。此外，要积极促进家校合作，争取社会支持，为教师专业发展创造有利条件。

（八）未来发展趋势展望

1.评价体系的智能化与个性化

随着科技的不断进步，教育评价将更加智能化。利用大数据、人工智能等技术，能够对教师专业发展进行实时监测和精准分析，为每位教师提供个性化的评价报告和发展建议，帮助教师更好地了解自身优势与不足，有针对性地进行提升。

2.跨区域与跨学科的交流与合作

教育的开放性和资源共享趋势将加强跨区域、跨学科的教师交流与合作。不同地区、不同学科的教师可以共同开展教研活动，分享教学经验，拓宽视野，促进教师专业发展的多元化和创新性。

3.教师专业发展的生态化

未来教师专业发展将更加注重与学校文化、教育政策等系统环境的融合，形成一个有机的生态系统。教师在这样的生态中不仅能获得个人成长，还能通过自身的专业素养提升反哺学校发展和教育质量的提高，实现教师与学校的共同进步。

4.关注教师的心理健康与职业幸福

社会对教师心理健康和职业幸福的关注度将不断提升。在评价教师专业发展时，学校会更加重视教师的工作压力、心理状态等因素，为教师提供心理辅导和支持，帮助教师保持良好的心态和工作状态，从而更好地投入教育教学工作。

综上所述，本研究通过对该区小学和幼儿园教师专业发展的深入调研与分析，为区域教育管理部门和学校提供了决策参考。随着教育技术的创新、评价体系的完善以及教育环境的优化，教师专业发展将朝着更加科学、全面、可持续的方向迈进，为区域教育的高质量发展奠定坚实基础。

二、基于学校发展的教师评价内容建构

教师评价内容需要以促进学校发展、教师发展、学生发展为目标，制定一套全面完善的考核方案和指标。以下为实验学校的评价指标体系（见表4–34），可作为参考。

表4–34　实验学校教育教学绩效评价指标体系表

A级指标（评价内容）	B级指标（关键指标）	C级指标（考查要点）	分值	得分	扣分原因
A1 学校发展（150分）	B1 学校管理（70分）	C1依据学校《章程》，提升依法科学管理能力。	10		
		C2建立健全民主管理制度，构建和谐的家庭、学校、社区合作关系。	20		
		C3科学规划学校发展，年度工作部署到位。	15		

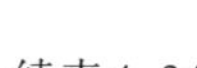

续表4-34

A级指标（评价内容）	B级指标（关键指标）	C级指标（考查要点）	分值	得分	扣分原因
A1 学校发展（150分）	B1 学校管理（70分）	C4推进“一体化办学”工作，积极参与“学区化管理”。	15		
		C5建立控辍保学工作机制，严控大班额。	10		
	B2 教学管理（60分）	C6全面落实三级课程方案，建设适合学生发展的课程。	20		
		C7实施以学生发展为本的教学，有效提升课堂教学质量。	20		
		C8完善教育质量监控制度，建立促进学生发展的评价体系。	10		
		C9加强学校办学条件改善，提供使得衬衣和的教学资源 。	10		
	B3 特色发展（20分）	C10构建较完善的学校文化体系，营造富有特色的学校文化。	5		
		C11大力推进全国体育联盟等教育试点项目工作。	10		
		C12重视学校特色建设，形成“一校一品牌、校校有特色”的格局	5		
A2 教师发展（100分）	B4职业道德（20分）	C13加强教师管理和职业道德建设。	20		
	B5能力素养（40分）	C14提高教师教育教学能力。	40		
	B6专业发展（40分）	C15建立教师专业发展支持体系。	40		
A3 学生发展（200分）	B7全面发展（200分）	C16提升学生道德品质。	40		
		C17帮助学生学会学习。	40		

续表4-34

A级指标（评价内容）	B级指标（关键指标）	C级指标（考查要点）	分值	得分	扣分原因
A3 学生发展（200分）	B7全面发展（200分）	C18增进学生身心健康。	40		
		C19提高学生艺术素养。	40		
		C20培养学生生活本领。	40		
合计			450		

在此指标体系下，突出全面评估教师在职业道德、能力素养、专业发展三个方面的表现。具体包括以下评价内容：

（一）职业道德

加强教师管理和职业道德建设。坚持用习近平新时代中国特色社会主义思想武装教师头脑，加强教师思想政治教育和师德建设，建立健全师德建设长效机制，促进教师牢固树立和自觉践行社会主义核心价值观，严格遵守《中小学教师职业道德规范》，增强教师立德树人的荣誉感和责任感，做有理想信念、道德情操、扎实学识、仁爱之心的好老师，做学生锤炼品格、学习知识、创新思维、奉献祖国的引路人。

教师要做到语言规范健康，举止文明礼貌，衣着整洁得体。严格要求教师尊重学生人格，不讽刺、挖苦、歧视学生，不得体罚或变相体罚学生，不收受学生或家长礼品，不从事有偿补课。

（二）能力素养

提高教师教育教学能力。认真学习课程标准，熟练掌握学科教学的基本要求。针对教学过程中的实际问题开展校本教研，定期参加集体备课、听课、说课、评课等活动，提高个人专业水平和教学能力。落实《中小学班主任工作规定》，班主任教师要提高组织管理和教育能力。任课教师要推动阅读工作，学习经典，加强教育技能和教学基本功训练，提升普通话水平，规范汉字书写，增强学科教学能力。提高信息技术和现代教育装备的应用能力，强化实验教学，促进现代科技与教育教学深度融合。

建立个人专业发展支持体系和个人专业发展计划，建立专业发展档案。积极参加各级各类培训，落实每位教师每5年不少于360学时的培训要求。在教研、科研与培训中有机结合，利用网络学习平台开展教研活动，形成教师专业发展学习共同体。

基于以上认识，对某所实验学校进行教师评价改革的实践探索，结合以上内容对本校的教师评价量表进行了改良，设计了能体现以上考核理念的学校教师考核等级评价表（见表4-35）。

表4-35　实验学校教师考核等级评价表

A级指标	B级指标	等级与分值			
		优	良	中	差
师德修养30分	(1)正确处理教育事业利益与个人利益的关系，把主要精力放在教育教学与科研工作上。不从事第二职业，不搞有偿家教。(2)实现师德事件与家长投诉事件零的突破，如有违反，一票否决。(3)无体罚事件与变相体罚事件。(4)在问卷调查中，家长满意率在90%以上，学生满意率在95%以上。(5)不要求学生为自己干私活或提供个人服务。(6)不得接受学生家长的钱物赠送，不得利用家长的职务之便谋取个人私利。	30	25	20	15
工作态度30分	(1)忠于人民的教育事业，敬业乐业，具有高度的社会责任感。(2)正确认同教师职业，具有高度的工作热情和职业自豪感。(3)任教学科成绩突出，深得学生家长的好评。(4)较好地完成各项教育教学任务。	30	25	20	15

续表4-35

A级指标	B级指标		等级与分值			
			优	良	中	差
教学设计与实施20分	（1）备课	①认真参加区统一组织的教材分析，为备课做好前期准备。②按时上交备课笔记，精心准备好两周以上的课。③贯彻新课程理念。不拘泥教材，根据本班和学生的实际，实事、适当、合理、科学调整教材，活用教材。备出个性教案、实用教案、创新教案。④认真写好课后反思。从优势、不足、改进三个侧面总结。⑤作业设计要有针对性、层次性、灵活性、多样性、设计基础性、创意性、实践性作业。	20	18	16	14
	（2）上课	①前两分钟进教室，做好课前各项准备工作。②充分体现新课程理念，改进教与学的方式。灵活运用自主、合作、探究式的教学方式，效果良好。③运用教学课件、投影、教具、实物辅助教学，效果显著。④教师语言清晰、简练、准确、流畅、教态大方、得体、示范性强。⑤板书工整、设计科学、布局美观、重难点突出、有利于学生记忆，掌握。⑥教学过程联系学生生活经验，引导学生创新实践。过程安排合理，全程以目标为导向。⑦学生主动、合作学习的时间充分、有效。主动探索学习的意识强。⑧课堂教学中师生关系融洽，教学气氛和谐。无变相体罚现象。⑨在学校系列教学研究会中、各种迎检课中积极出课，评价良好。⑩参加区级以上公开课、研究课、观摩课等评价良好。				
	（3）批改作业	①认真批改学生各类作业，等级、批改符号、书面语言运用规范，导向性强。②提倡运用鼓励性书面语言或面批方式。学习特困生的作业要特别关注。③学生作业改错后，要进行再批改，直至学生掌握为止。				

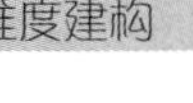

续表4-35

A级指标	B级指标		等级与分值			
			优	良	中	差
	(4)辅导	①认真解答学生提出的疑难问题,并给予指导性意见。②认真辅导学生完成各类、各项征文、作文,对参赛学生给予精心指导,并能取得优异的成绩。③对“学习优等生”和“学习特困生”要有重点、有针对性地辅导,辅导效果好。				
	(5)检测	①认真对待各种抽测、检测和期末考试。②抽测、检测和期末考试成绩“两率”达标。③对检测中出现的问题认真分析,制定改进意见。				
业务进修意见10分	①积极参加各类各级业务进修学习,追求高层次学历达标。保证出勤,按时完成作业,成绩优良。不断提高自身素质和专业水平。②提倡教师跨学科、跨专业进修。不断拓宽知识面,具有较渊博的文化知识及专业知识,具备能胜任多学科教学的本领。		10	8	6	4
教育科研与成果10分	①参与学校课题研究并承担相应的子课题,试验措施具体,操作性强。②每天浏览区、校科研信息网,每周进行网上科研体会交流。每月提供一条科研信息,每学期发布科研课题进展情况。③善于积累、总结。积极撰写科研论文,获奖率高。④研究课题在同一领域领先,成果显著,得到专家认可,成果得以推广。		10	8	6	4

另一所实验学校为了对学校各学科教师开展学科教学工作的过程与质量进行有效引导、管理与评价，实现教学工作的实施与个人绩效的双赢，出台了《实验学校教学评估实施方案（试用稿）》。

实验学校教学评估实施方案（试用稿）

为了对学校各学科教师开展学科教学工作的过程与质量进行有效引导、管理与评价，实现教学工作的实施与个人绩效的双赢，特出台本方案。（按照学年进行）

一、评估目标

1.通过评估，进一步引导教师关注实施教学的全过程在学生学习力提升上的影响，积极改变教育教学方式，注重学生的思维启迪与素养提升，让学习生动而积极地发生。

2.通过评估，促进学校教学管理的科学规范，实施具有发展性的教学管理，引导教师在各项教学工作中形成自我反思能力，不断改进工作，通过教学管理促进教师教学能力的不断提升。

3.通过评估，科学地对每一位教师的教学工作进行全面评价。

4.把评估结果作为学校评优选先、职称晋升的重要依据。

二、评估项目、等级与权重

（一）评估项目（4项）：课堂教学、作业质量、备课质量、学业成效。

1.语文、数学、英语学科：课堂教学占50%、作业质量占20%、备课质量占10%、学业成效占20%。

2.音乐、美术学科：课堂教学占50%、作业质量占20%、备课质量占10%、学业成效占20%。

3.体育与健康、劳动、信息科技学科：课堂教学占70%、备课质量占10%、学业成效占20%。

（二）评估等级（4级）：优秀、良好、合格、不合格。

1.优秀：综合评估90分以上；

2.良好：综合评估89～85分；

3.合格：综合评估84～70分；

4.不合格：综合评估69分以下。

三、评估方式

（一）课堂教学评估（100分）

1.评估要素：思维启迪、学生所用时间、学科核心素养的培养。

2.评估方式：

（1）学校组织开展教学竞赛及常态课堂评估活动，评估组和学科教师按照《各学科课堂教学评价表》进行评价打分，两次课堂教学的评价打分作为课堂教学评估的分数，学期末由评估组汇总并按比例核分。

（2）每学期教学竞赛评估占比50%，常态课堂评估占比50%。

（二）作业质量（100分）

1.评估要素：基础性作业批阅及质量、设计性作业（作业设计比赛+项目化实践作业）。

2.评估方式：

语文、数学、英语学科：

（1）基础性作业的批阅及质量，由教导处期中和期末按照《作业质量评估表》检查评价，进行打分，总分50分。

（2）每学期学校组织开展一次作业优化设计比赛，根据校内作业设计比赛结果进行赋分，一等奖20分、二等奖15分、三等奖10分。

（3）语文、数学、英语学科每学期至少设计一项综合性、实践性、项目化作业，并附5份学生作业上交，总分30分。

美术学科：

（1）基础性作业：平时的学生作品。由评估组学期中和学期末入班检查评价，总分70分。

（2）设计性作业：每学期至少设计一项综合性、实践性、项目化作业，并附5份学生作业上交，总分30分。

音乐学科：

（1）基础性作业：学生平时的歌唱水平。由评估组在学期中和学期末入班检查，总分70分。

（2）设计性作业：每学期至少设计一项综合性、实践性、项目化作业，

并附5份学生作业上交，总分30分。

（三）备课（100分）

1.评估要素：提前备课、备课效果、课前准备、课堂实效性。

2.评估方式：

（1）教导处开学初对教案整体的进度、目标等进行检查评价，学期末对教案的完成情况进行检查评价（40分）。A（36～40分）；B（35～31）；C（26～30分）。

（2）各备课组组长每周检查教师的提前备课及备课质量并签注意见，学期末进行评估打分（40分）。A（36～40分）；B（35～31）；C（26～30分）。

（3）评估组听课时，对评估课教学设计的完成情况进行评价（20分）。A（18～20分）；B（17～15）；C（14～12分）。

（四）学业成效（100分）

语文、数学、英语学科：

（1）各年段合格率：低年段98%；中年段96%；高年段92%。

（2）各年段达到合格率标准，得100分。扣分：低于一个百分点，扣2分，累计扣分。

（3）每学期开展听写、计算等达标比赛，一、二年级以学生学科比赛成绩作为学业成效评估依据（结合一、二年级无纸笔测试活动）。

美术学科：

根据每学期任教班级学生作品集及优秀作品集数量及占比情况，由评估组学期末进行评价。（附件4：综合学科学业成效——美术）

音乐学科：

春季学期，结合艺术节比赛成绩进行评价；秋季学期，根据各班课本歌曲演唱表现，由评估组进行评价。（附件4：综合学科学业成效——音乐）

体育学科：

学期初，体育技能代课教师根据各年段水平和体育课标要求确定本学期学生学习的体育技能及训练项目，花式跳绳代课教师根据不同年段确定

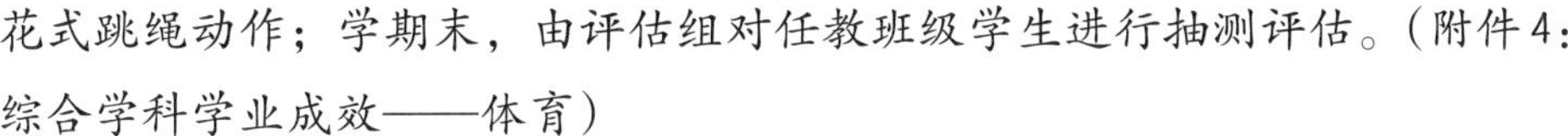

花式跳绳动作；学期末，由评估组对任教班级学生进行抽测评估。（附件4：综合学科学业成效——体育）

信息技术、劳动学科：

学期初，任课教师根据本学期教学内容制定教学计划，明确本学期学生需要掌握的技能；学期末，由评估组对任教班级学生进行抽测评估。（附件4：综合学科学业成效）

四、评估结果的核算与使用

（一）核算

每年两个学期的“课堂教学、作业质量、备课质量、学业成效”的成绩，经考核小组核算，以每学期各占比50%转化为百分制，作为教师本年度教学评估结果。

（二）结果使用

教学评估结果适用于优秀教师评选、专业技术职称考核及教师职称评定。

1.用于专业技术年度考核。在专业技术职称考核中的“教学能力”一项，依照本评估结果，评定优（70分以上）、良好（65分以上）、合格（60以上）、不合格（45分以下）。

2.用于优秀教师评选。综合评估优秀的教师，本年度无违反师德及学生安全问题的，可直接定为校级优秀教师；评估良好的教师，进行发展性评价，在原有基础上有明显的进步，本年度无违反师德及学生安全问题，可参评校级优秀教师。综合评估结果将作为推荐区级优秀教师、区级优秀教育工作者的重要依据。

3.用于教师职称评定。每学年公示评估结果，优秀可作为校级优秀教师的补充占项。

4.特殊情况说明。五十岁以上教师，如无职称晋升的意愿，可自愿申请不参加课堂教学评估。

五、评估的组织与管理

学校成立教学评估领导小组，按照以上评估项目、内容、方式，每学期对学校各学科教师开展学科教学工作的过程与质量进行评估，并对评估结果进行公示。

附件：

1.教学评估量化评分表（课堂教学评估）；

2.教学评估量化评分表（作业质量评估——语数英学科）；

3.教学评估量化评分表（备课评估）；

4.教学评估量化评分表（综合学科学业成效）。

以上附件见附录。

三、基于教师自我成长的教师评价内容建构

作为知识的传授者、团体的领导者、模范公民、纪律执行者、家长代理人、心理工作者、人际关系艺术家，教师这个职业承担了太多社会的期望，这也使得对这份职业的评价变得异常复杂。不同的评价主体只能看到教师角色的一个方面，很难全面地评价教师。只有教师本人才能对自身的多重角色进行评价。然而以往的评价体系大多忽视了教师自评的重要性，或是将自评简单地与教师奖惩挂钩，这实际上已经与教师的专业成长背道而驰。我们期盼的自评体系，应能促使教师勇于直面自身瑕疵，借此契机，得以洞察自身之长与短，进而将自我角色定位于“潜在的学习者”，在持续学习中，勇于舍弃旧我，塑造全新自我。

（一）每位教师建立“自我成长记录袋”

“自我成长记录袋”中包括“自我评价篇”“教育教学篇”“教研篇”“创新特色篇”“荣誉篇”“阶段反思篇”等。教师们自己制定三年奋斗目标和近期奋斗目标，通过“教研篇”和“创新特色篇”将工作中的点点滴滴记录下来；“荣誉篇”和“阶段反思篇”使每一位教师不断得到成长的不竭动力，促使他们改进教育教学工作。通过“自我成长记录袋”，我们可以看到每一位教师成长、成熟乃至成为一名专家型教师的过程，从而为青年教师的成长提供借鉴。

在建立记录袋时，教师要明确它的功能：

（1）描述自己的进步；

（2）展示自己的成就；

（3）确定自己是否达到预期的表现水平。

教师的“成长记录袋”中一般收集以下内容：

（1）关于成长记录袋的说明；

（2）内容清单；

（3）知识技能的鉴定；

（4）教师最佳作品的代表性样本；

（5）学生最佳作品的代表性样本；

（6）所使用的评价标准；

（7）教师对所有项目的自我反思。

（二）设计相关“自评”工具

教师撰写的自我成长记录需要一种合理的方式呈现。教师可以整体地评价自己的作品，或者部分分享并评价，也可以综合使用这两种方法。这种自我评价可以成为每个教师的日常工作。教师用一张小纸片，简要地写下自我评价的意见，包括作品的主要优点和不足，以及如何予以改进的设想。当然，教师需在自我评价表上签署日期，以便追踪自身评价能力的进步。每一张自我评价表还必须与相应的作品订在一起存放。表4-36就是我们设计的自我评价与反思表。

（三）安排和举行教师成长记录袋评价会议

教师“成长记录袋”评价会议需要不少时间，但这种教师与评价者之间关于教师作品的交流，对发挥成长记录袋评价的潜在功能具有十分关键的影响。此类会议旨在评价教师作品，并助力教师提升自我评价与批判反思能力。在时间允许的情况下，可尽量多地举行这种会议。为了提高效率，要让教师在会前做好相关准备。

表4-36　教师自我评价与反思表

教师姓名：______________　日期：______________

关于所选项目的描述：

对此项目我的评价：

在项目中我努力达到的目标是：

我实际上做到的有：

我学到了：

对本项目，我感到自豪的是：

下次我需要在如下方面做出改进：

评价者意见：

评价者姓名：________________日期：____________________

所选项目的优点：

要考虑的事情或要改进的领域：

其他意见：

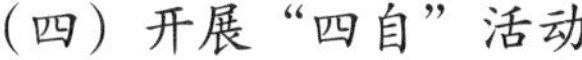
（四）开展“四自”活动

这“四自”包括以下四方面：

1. 自选内容，即自己选择教学内容。

2. 自请听课，即邀请学生家长进教室旁听以使其安心，同时主动邀请其他教师、领导及教学顾问听课以促进教学水平的提升。

3. 自看录像，即学校尝试将试点教师的课录制下来，课后自看录像。

4. 自己评课，自己评价自己的课堂行为是否符合素质教育的要求，写出课后反思。

四、基于学生成长的教师评价内容建构

首先，学生作为教育的对象，是教师教育教学活动的直接参与者，他们对教师的教育教学活动有着最直接的感受和判断；其次，教育的最终目的是促进学生的全面发展，因此，应重视和给予学生评价教师的权利。此外，学生参与教师评价，也增强了对教师教育教学活动的监控，有助于促进教师反思习惯的形成和反思能力的提高。

但在教育现实中，推行学生评价教师却引起了一些担忧。首先，学生在参与教师评价的过程中，是否能讲真话。由于教师拥有对学生实行奖惩的权力，再加上传统思想中“师道尊严”的影响，学生们往往不敢讲真话。其次，学生对教师的评价是否客观。由于学生年龄的限制，对教师了解的有限性，都会使教师和校方对学生参与教师评价的有效性产生怀疑。部分教师担忧，那些较为顽皮的学生可能会利用此机会宣泄情绪，对教师进行无理指责或提出不恰当的意见。针对调查中教师们所表达的担忧，我们提议采用词频统计法，通过学生使用的描述性语言来衡量他们对老师的认可程度。进而将一些较为高频的词语摘录出来作为今后学生评价教师的衡量标准。为了深入了解学生对教师的看法，我们在这五所学校中采用了随机抽样的方式，精心挑选了200名学生参与“我心目中的老师”主题的现场作文和绘画活动。通过这些活动，我们不仅收集了30000余字的文稿材料

和100余幅绘画作品，而且还通过问卷调查和面对面访谈等方式，获得了学生对教师教学态度、教学方法和教学效果的详细反馈。例如，有学生表示，教师通过引入互动式教学激发了学习兴趣，提高了课堂参与度。此外，我们还统计了学生对教师教学态度的评价，发现大多数学生认为教师对待教学工作认真负责，关心学生成长。

以下是学生绘画中出现的一些重要作品摘录。

我心目中的老师

看到这个孩子的老师画像，第一印象是孩子心中的老师是美丽的，她扎着高高的马尾辫，穿着漂亮的花裙子，大大的眼睛，长长的睫毛，一丝不乱的刘海。美丽的老师更是时尚的，她戴着心形的耳环、心形的项链，穿着一双厚底鞋。

老师对学生的爱也从画面中流露出来，她眼睛里充满关爱，上扬的嘴角让人感到温暖，心形的首饰将学生心中老师最温柔的一面展现。

这位老师长着一张娃娃脸，嘴巴露出微笑。他衣着朴实，胳膊下夹着满满两摞作业本，正迈着大步向前走。这幅画显示出学生心目中的老师应该是一位心态年轻、富有活力、和蔼可亲的“孩子王”，这位男性老师一定是整天步履匆匆，一心扑在教学和学生身上的敬业的老师。

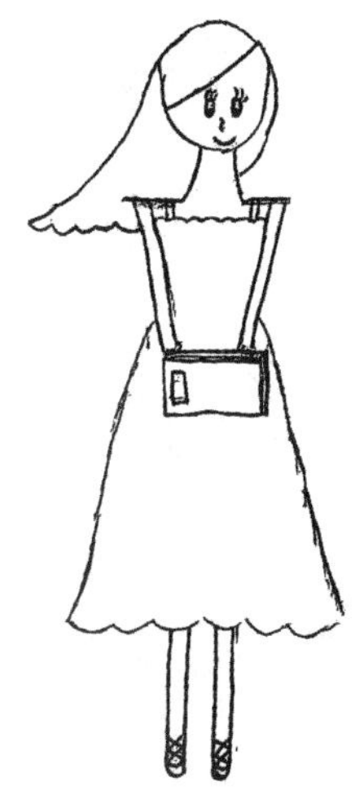

这幅线条简洁的画像，似乎有些太普通，但仔细一看，还是能感觉到孩子细腻的心思。画中的老师给人的第一印象是温柔，长长的披肩发梳理得整整齐齐，素雅的连衣裙使老师看起来很清新，双手紧抱的书本给人知性的感觉，微笑的嘴唇让人感到可亲可敬，那双睿智的眼睛闪烁着智慧的光芒。

这幅画中描绘的是一位女教师形象。这位女教师长着一头黑黑的飘逸长发，小鹿般的双眼开心地微笑着，套头长裙曳地，伸向前的右手似乎在引领孩子们前进。通过孩子的描绘，我们可以看出孩子心中的教师是年轻引领者。她温柔地、开心地引领孩子们去往未来之路，在路途中获取知识，增长见识，与同伴交流，与家长互动，与老师共同成长，路途一片鲜花、一片光明！

在这幅画中，孩子描绘的是一位女老师形象。这位女教师身材苗条，梳着干净利索的发髻，戴着一对长长的耳环。她张开双臂，随风飘动的长裙似乎在和着乐曲翩翩起舞，一双黑黑的大眼睛正注视着孩子们。通过孩子的描绘，我们可以得出，在他心中，这位教师是一位时尚、快乐、充满乐动的形象。在他心中，老师就是能带着孩子们在音乐中翩翩起舞，表达自己内心情感的音乐精灵。

这位老师一袭齐刘海披肩长发，头顶装饰蝴蝶结，一身时尚的吊带裙，穿着精致的高跟鞋，笑容可掬，两手伸开，仿佛将要欢迎来上课的同学。在这个孩子的心目中，教师首先应美丽大方，穿着得体；其次应温柔慈爱，威严而不刻板，公平而不狭隘，既像邻家大姐姐般可亲，又像妈妈一样温暖。

这个孩子画中的男性老师身体强壮，充满活力，脸上洋溢着微笑，大大的眼睛炯炯有神，留着小平头，让人感觉整洁干净，可见老师一定是一位干练、利落的人。他张开臂膀，摆出拥抱的姿势，可见孩子们喜欢与他们亲热的和蔼老师。当老师满脸微笑，张开双臂，将孩子抱进怀中，这才是孩子心中最美好的一刻。

这位女老师好像是刚从校园走出来的新老师。她一头乌黑的长发上戴着一枚蝴蝶结，穿着简单干练的短裙，笑容可掬。一只手举起，向新结识的同学打招呼，做自我介绍。看来这位同学更喜欢年轻老师，因为他们朝气蓬勃，语言幽默，美丽和善，易于和学生打成一片，不失童心。

这位老师长发披肩，一袭长裙，眼睛明亮有神，嘴巴张着，一手举起，一手背在身后，仿佛在神采奕奕地讲着一篇引人入胜的课文。看来在这位同学心目中，老师应是学识渊博、教风严谨、讲课非常精彩的，她教出的学生也一定是基础知识扎实，能力较强的。

这位老师一头卷卷的短发，干练且大方，一身考究的套裙，很有职业感，眼神和嘴角露出和蔼的神情。在这位学生的心目中，老师是文质彬彬、学识渊博的，而且从她的描写中看出，这是一位从教严谨，对学生的习惯养成很关注，要求很高的老师。相信在这样的老师的带领下，同学们一定能够成为非常优秀的学生。

这位老师短发齐耳，眼神和蔼，嘴角上扬，又带有些严肃，让人不禁想起蒙娜丽莎的微笑，高贵而神秘。学生又在两旁注明："老师您辛苦了，老师感谢您！"能看出在他的心目中，老师是可亲又可敬的，让人既爱又怕，老师的谆谆教诲令学生难以忘怀，满怀感激之情。

这位老师一头乌黑的长发，一副眼镜后面藏着一双小而有神的眸子，笑容可掬，一身碎花连衣裙得体且不失可爱。她头戴麦克风，手拿语文书，站在讲台上，讲台下的学生端正地坐着听讲。这位同学还写了一句话，透露着对老师的崇拜和喜爱："王老师是我喜欢的老师，她还编了游戏来让我们学知识。"可见，在他心目中，老师不仅温柔可亲、漂亮，还十分爱自己的学生，并且能用心上好每一节课，让学生在快乐中学习和成长。

这个孩子心中的老师，首先是一位时尚的女性，穿着漂亮的花裙子，亮亮的一尘不染的高跟鞋，走起路来飘逸、洒脱。其次，这位老师肯定还是一位温柔、慈爱的女性。她梳着短发、齐眉的刘海，显得十分干练，微闭的双眼和上翘的嘴角，似乎正在回味着课堂上孩子们那可爱的笑脸和一幕幕精彩的表现。最后，这位老师一定是一位充满爱心，像妈妈一样的女性。你看她张开双臂，要将小鸟般的孩子拥入怀中，给孩子一个温暖的拥抱和关心的爱抚。

在这幅图中，孩子描绘的是一位女教师形象。这位教师胖乎乎的，梳着马尾辫，戴着发卡，穿着一条满是爱心图案的裙子，圆乎乎的脸上弯弯的嘴角永远在温柔地微笑。

通过孩子的描绘，我们可以看出在他心中，老师是一位可爱的熊猫型女教师，虽然老师不够时尚，但她用一颗爱心去对待孩子，她的和蔼可亲、和风细雨是最大的特点，孩子们最喜欢这位老师。

瞧！一身红色的耐克运动服的女老师正向我们走来，她乌黑的头发高高地束在脑后，扎成一个马尾辫，圆圆的脸上泛着润润的红光，一双睿智的眼睛满含笑意，显得健康、阳光，充满了青春的活力。

她是一位优秀的老师，她用微笑打开了学生的一个个心结。她说话温柔，孩子们不小心犯了错，她会包容和原谅，让孩子们感到很温暖很感动；她每天迎着晨风带着孩子晨跑，让孩子们知道拥有健康的体魄才能热爱生活、拥抱生活；她用特有的风趣与幽默让孩子拥有学习的热情，她用睿智的双眼处理班级的难事，用良好的师德教会孩子与人交往……

她就是我心中最美丽的老师——有高尚的人格魅力、健康的心理和体魄，乐观、向上、积极、进取的好老师！

在这幅画中，孩子描绘的是一位女老师。这位女老师穿着漂亮的长裙，梳着飘逸的长发，戴着可爱的蝴蝶结发饰，有一双水灵灵的大眼睛，一张永远微笑着的嘴。老师面前有一张讲桌，上面摆放着成摞的作业本、一盒粉笔、一个笔筒。

通过孩子的描绘，我们可以得出，在他心中，老师是一位美丽、可爱、永远微笑的女孩形象；在他心中，老师总是在讲桌前忙碌，一根粉笔、一支钢笔、一摞高高的作业本是老师劳动的成果。尽管这样，老师还是开心地对待一切，将美、爱、欢乐带给学生。

这幅画中的老师很年轻，留着齐刘海，扎着蝴蝶结，圆圆的眼睛微笑着注视着每个学生。画面给人以活泼、清新的印象。从画面反映的信息可以看出，学生喜欢开朗、活泼、有朝气的老师，他们能和学生一起玩，一起说笑，更易和学生交心。

这幅画中的老师是“丑女无敌”版的，别着骨头发卡，龇着戴牙套的大嘴开心地笑着，张开双臂随时准备拥抱孩子们。画面洋溢着快乐和热情。从画面反映的信息可以看出，学生喜欢的老师不一定要美丽，热情、幽默、具有感染力，能和学生们融在一起的老师，才是学生心中的好老师。

这幅画中的老师是一位瘦弱的中年教师，头发花白，戴着眼镜，衣着朴素。她弯弯的嘴角、温柔的目光，默默地表达着对学生的爱。她拥有学生喜欢的老师的特质：仁慈、耐心、细心和关心。

这幅画中的老师时尚、知性。对于中高年级的学生来说，喜欢不喜欢老师，除了教师对自己的态度，教师的个人素养也很重要，知识渊博、兴趣广泛、负责任的教师更易获得学生的尊重和喜爱。

这幅画中的教师温柔、端庄，非常有亲和力，是学生心目中喜爱的老师。这样的老师能够真诚地关心学生、理解学生，能够与学生平等沟通，让学生有信赖感。

这幅画中的教师简单、朴素，为了更完整地表达心目中老师的样子，画画的学生补充了三点：1.对学生好；2.尽量少发脾气；3.讲课慢慢讲。画这幅画的可能是一个学习能力稍弱的孩子，对于这样的孩子，他们更渴望的是教师的爱和理解：因为是孩子，所以请允许我犯错；因为是孩子，所以请允许我有不懂的地方；因为是孩子，所以请爱我。

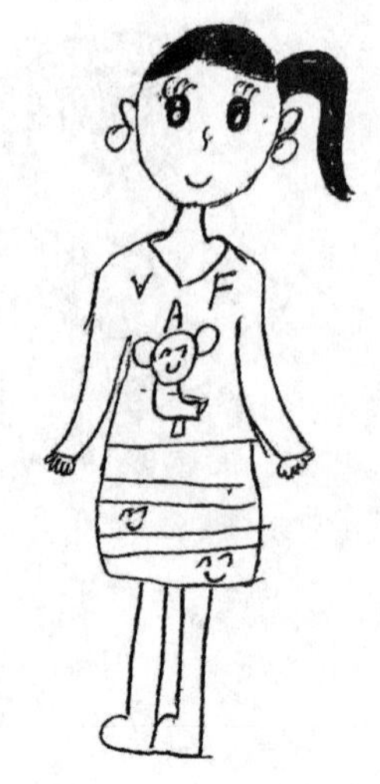

这幅画中的教师扎着马尾辫，戴着耳环，穿着学生装，年轻、时尚、活泼。从这幅画面表达的信息可以看出，学生喜欢年轻一点的教师，同时希望自己的老师既活泼又时尚，能够与他们有共同的话题，能够与他们成为朋友。

这幅画中的教师大眼睛、长头发，很漂亮，也很开朗。从补充的文字中可以看出，学生喜欢漂亮的老师，同时也更看重幽默的特质，幽默可以拉近师生间的距离，减轻学生的压力，带来欢乐。

画这幅画的孩子一定很爱他的老师，所以给老师设计了这样一个宁静、祥和、温暖的画面。画中教师的微笑是暖暖的，衣服上的装饰图案也是暖暖的太阳，从画中可以感受到教师对学生浓浓的关爱，也可以感受到学生对教师深深的喜爱。真诚地关爱学生，真心地呵护学生，就能构筑起爱的乐园。

以下是学生作文中出现的一些重要内容摘录：

> 亲爱的同学们：
>
> 你们接触过许多老师，有让你喜欢的，有让你讨厌的，有对你的思想产生过积极或消极影响的……请你将心中的老师形象画一画、写一写。

【摘录1】我心中的老师是温柔的、和蔼可亲的。上课时面带微笑，当我们遇到不会的题时耐心地讲解，不要对我们凶巴巴的，要幽默开朗。不要打我们，也不要罚我们抄写作业。

【摘录2】我们的语文老师是班主任，她是一位十分固执、十分不讲理的老师。因为她这一点，我吃过不少苦头。在一个下午，我们都在做语文配套练习作业，她看见一个学生，不管他是谁，就让他在黑板右下角写下自己的名字。大家可以想一想，照这样下去，有多少人受过委屈呀！我最讨厌的就是她——×××老师。

【摘录3】在我的印象中，我最讨厌的是我们班的数学老师——×××老师。张老师总是占课，一周30节课，至少有一半都是她的数学课！科学课、健康课都是她上。而且一周两节的信息技术课，她已经有三四周没让我们上了！她总是找好多的理由！

【摘录4】我眼中的老师，他会是一个负责的老师，他会一视同仁，不仅能照顾好学生，而且不会罚写检讨书，也不会拖堂，对我们都十分温柔，还很幽默，能把上课的气氛调动起来，不让学生觉得课堂死气沉沉的，也不让学生上课时间很长，产生度日如年的感觉，而且考得不好不会批评学生，只会鼓励学生下次加油。

【摘录5】您总是那么严厉，您总是那么认真，您总是关心我们，您总是和颜悦色，您就是我们的班主任——×××老师。您为我们付出了许多的心血，您总是不厌其烦地将习题讲解多遍，直至每位同学都理解透彻才肯继续下一题。×老师，我不会忘记您！

【摘录6】我眼中的老师是一位耐心、正经、温柔的人。她上课时会很幽默，经常和我们开玩笑，但在笑声过后又会马上正经起来，让我们认真地听课。下课后，她又会耐心地和同学交流题目，没有不耐烦，很温柔。夏天，她还买雪糕给我们吃。上课时，即便有人分心玩耍，她也总是以宽容的态度对待。她天天不缺席地上课，并不是为了薪水，而是为了见到我们这一群可爱的孩子。她尽心尽力地为我们授课，确保我们不会落下任何课程。

【摘录7】每个人都会犯错。当我们犯错时，老师有时会采取较为严厉的方式。虽然我们挨过老师的板子，但是我还是觉得老师如果用安慰的话、温柔的语气对我们进行教育就更好了。

【摘录8】我心目中的老师，应该十分慈祥、和蔼、幽默，能让学生不惧怕她，能与学生友好相处，相互体谅。但在我们犯错误时应该严厉地批评或惩罚我们，让我们意识到问题的严重性。最重要的是不要枯燥地讲课，不要用死记硬背的方法，要让我们从根本上理解知识点。

【摘录9】老师的责任是什么？是教书育人。所以我认为，老师不能总是打骂学生，尽管这个学生让老师愤怒，让老师无奈，但是老师要宽容一些，原谅他。如果老师原谅了这个学生，我相信这个学生一定不会辜负老师的期望。他一定会努力学习，长大后报答老师。尽管我们明白老师的良苦用心，但当下的我们尚不能完全领悟其中的深意。在我的脑海里，老师就应该多关心学生，多给他们一点儿笑脸，哪怕只是一点点也好，不要总让学生觉得自己是多余的，是让老师看着不顺眼的。我希望所有老师都能像我刚才说的那样，关心我们、爱护我们。

【摘录10】我心目中的老师是一个斯文的老师，戴着一副眼镜，对同学们也非常的和蔼可亲。他上课的时候讲笑话，和我们一起笑，下课后和我们一起玩耍。我心目中的老师还是一个能尊重我们意愿的老师。在我们遇到难题时可以耐心地讲解，在考试没考好时也不会骂我们笨。在我们犯错误时不会打骂我们，不会让我们写检讨书，也不会无缘无故地罚作业、罚背课文，更不会在家长会上说我们的不是。他也不能占用我们喜欢的课用来讲题或布置作业。这就是我心目中十全十美的好老师。

【摘录11】老师应当对我们这些小学生多些宽容，在我们犯错时，能够体谅我们的年幼无知。然而现实却并非如此，一旦我们犯错，老师便要求我们写检讨或给予其他惩罚。我们都希望老师能够宽容我们，不占用我们其他课的时间，让我们每一天都快快乐乐地玩耍，而不是让我们一味地学习。

【摘录12】我遇到过许多老师，但让我印象最深刻的还是王老师。王老师的性格如同六月的天，说变就变，让人捉摸不透，但每当她心平气和时，总是显得格外和蔼可亲。

【摘录13】我心目中的老师是这样的：上课的时候，面带笑容地给我们讲课，在课讲完后，留一些时间，给我们布置家庭作业，让我们在课堂上就写完作业。下课铃响后按时下课，不拖堂。在上副课的时候不要总是让副课老师给他留几分钟时间，不要总是占用我们的体育课、美术课、音乐课。放学后，老师不会因作业未完成而将学生留在教室补做，以免在我们心中留下阴影。这样，我们也能按时回家，避免父母因担忧而责备我们。在考试后，如果成绩不好，就让自己改错题，不要让家长签字了。因为有的家长会打骂孩子，让我们没有信心下次努力考好了。我希望老师在课后不要布置太多的作业，给我们太多的心理负担。这就是我心目中的老师。

【摘录14】我心目中的老师不戴眼镜，有一张和蔼的面孔、美丽的身材和充满智慧的大脑，在讲课时总能面带微笑，使课堂生动起来。在我心中，老师对待班上的每一位同学都是公正无私的，他不偏心好学生，面对学习不太好的学生不会不理不睬，而是认真辅导他们，让他们的成绩慢慢好起来。我心目中的老师不会给学生穿小鞋，不会向学生故意找茬，不会放弃学习不好的学生。他们对待学习不好的学生时，不是一味地批评、打骂，而是鼓励他们，耐心辅导他们。总之，这是我心目中的老师。

【摘录15】我心目中的老师，是个温柔的老师，像妈妈一样，关心每一位同学，像园林工人一样每天为小苗修剪、浇水。我心目中的老师每天带着一个温暖的微笑迎接我们，那笑容如同初升的太阳，哪怕只是轻轻一笑，也足以照亮我们的心房。他们每天穿着整洁的衣服，梳着精神的发型为我们上课。我心目中的老师会认真为我上课、讲题，平心静气地辅导学习不太优秀的同学，不要在同学有不明白的题目时打他（她）。我心目中的老师会为我们批改每一项作业，哪怕一页口算、一道题，对我们认真负责。

【摘录16】我眼中的老师和蔼可亲，她像母亲那样温柔，像朋友那样友好，可以与她畅所欲言，可以与她一同欢笑，可以和她一起陶醉在课堂中。我眼中的老师是平易近人的，她不会为了一些小事责骂或体罚学生，而是与我们交谈和沟通。她从不以严肃的面容步入课堂，而是与我们一同欢笑，将知识融入欢声笑语中；她细心体察我们的情绪，从不强加过分的要求，也不布置繁重的作业。在我眼中，老师如同一位善解人意的慈母，不仅热心肠，更能在学习上倾听我们的烦恼与愿望，给予我们无微不至的关怀与温暖。

通过对学生习作中出现的有关老师外貌、性格、授课方式、工作态度、师生关系方面的统计，我们发现在学生的心目中，他们对老师的评价主要来自职业道德、师生关系、专业水平这三个方面。

在职业道德方面，学生认为一个好老师应该具备温柔、耐心、平易近人、公正、宽容、善解人意、平心静气、和蔼、慈祥、幽默、负责、认真、和颜悦色、一视同仁、正经、活泼等性格特质。

在师生关系方面，学生认为一个好老师应该具备坦诚、无私、亲近、没有架子、理解、大度等性格特质。

在专业水平方面，学生认为理想教师应该具备的能力集中于教学能力、作业指导和教学质量这三个方面。

有的学生认为："我眼中的老师知识渊博，他博览群书，手不释卷，能为我们讲述丰富的知识，并且不拘泥于课本，还会拓展许多课外内容。"

有的学生认为："我心目中的老师，会仔细批改我们的每一项作业，无论是一个字的笔误，一页口算的细节，还是一道题的解法，都体现了对我们的高度负责。"

有的学生认为："我心目中的好老师常常寓教于乐，通过做游戏的方式加深我们对单词的记忆，让我们在轻松有趣的课堂氛围中学习英语，逐渐爱上了这门学科。”

像这样的描述还有很多，虽然童真的言语也许并不是那么客观，但至少是他们幼小心灵对外部世界的一种真实感受。因此，我们不妨静下心来，以一种平静、宽容的心态侧耳倾听，也许其中的只言片语会对我们的成长有所助益。

在专业发展方面，孩子们能够涉及的话题并不多，主要包括教学方式、课堂调控、过程评价三个方面。

在教学方式方面，学生认为：“老师上课教学方法独特，并能传授我们各方面知识，在上课时能把课外知识也融入进来。”有的学生认为：“她不会过分地给我们施加压力，而是教我们怎么学，怎么玩，起到举一反三的效果。她对我们也很负责，每当有同学请教她问题时，她都会为他们讲解，也会认真地思考。”

在课堂调控方面，有的学生认为：“每当上课时，老师总是能让我们深刻地记住学过的知识，而且课堂上会说一些幽默的语句，总是能让快乐的气氛充满课堂。”有的学生认为：“我眼中的好老师是积极、活跃的，能吸引同学们，让我们喜欢上课，沉浸在课堂中。如果我们课堂表现好，让我们适当轻松一下，劳逸结合，这样可以在快乐中学习、成长。”

在过程评价方面，有的学生认为：“我心目中的老师有一张神奇的嘴，他文质彬彬，很有素养。我最喜欢听老师说‘很好’。当我们完成一件事，做完了作业，纪律变好了等，老师都会说‘很好’。简简单单的两个字，却给了我们自信，给了我们希望，于是，我又学会了鼓励别人。”有的学生认为：“我心目中的好老师不会因为我做错了一件事而否定我。”

根据学生对于心目中理想教师的描述，我们大致勾勒出了一个评价标准，其中具体的评价细则均是来源于第一手的文稿资料。我们只是在此基础上进行了抽象概括。接下来，我们可以将这些评价细则进行整理，形成一个详细的评价标准表格。（如表4-37所示）

表4-37 学生对教师评价标准表

一级指标	二级指标	评估等级标准			评估方式
		A	B	C	
职业道德	自尊自律，自重自爱	热爱教育事业；热爱教师工作；关爱学生。	热爱教育事业；比较喜欢教师工作；关心学生。	不喜欢教师工作；有体罚学生行为。	学生访谈
	以人为本，关爱学生	能够正确地了解学生；尊重、信任学生；体贴入微，严格要求学生；因材施教，关心每一个学生；一视同仁，公平地对待每一个学生。	严格要求学生；因材施教，关心每一个学生；一视同仁，公平地对待每一个学生；比较了解学生。	根据个人偏好随性地对待学生，不能够科学地分析学生的行为。	学生访谈
	淡泊名利，志存高远	具有为学生服务的精神；潜心研究专业知识；理性地看待社会诱惑。	潜心研究专业知识；理性地看待社会诱惑；比较注重教育的民主性。	不能够静心地从事专业知识的学习，无法抵制社会诱惑。	学生访谈
	刻苦钻研，严谨笃学	崇尚科学精神，树立终身学习理念；拓宽知识视野，更新知识结构；恪守学术道德，发扬优良学风。	崇尚科学精神；更新知识结构；恪守学术道德，发扬优良学风。	满足于现有的知识水平，很少关注自身专业水平。	学生访谈
建立关系	师生关系	相互信任，相互尊重，和谐亲密，相互依赖，民主平等。	能够基本做到相互信任，相互尊重，和谐亲密，相互依赖。	对学生漠不关心，专制，疏于交流。	学生访谈

续表4-37

一级指标	二级指标	评估等级标准			评估方式
		A	B	C	
专业技能	教学技能	普通话达到国家标准,能用普通话进行教学;板书整齐、汉字规范;能制作简单教具和课件;会用电脑,能利用网络等现代信息技术学习和研究;有完成本学科知识教学、信息技术教学、实验教学等所需要的专业技能。	基本能用普通话进行教学;能用规范的汉字板书;会用电脑,基本具备本学科知识教学、信息技术教学、实验教学等所需要的专业技能。	不能用普通话进行教学;只具备部分学科教学必需的技能。	学生访谈
	教学能力	有较强的、一定感染力的语言表达能力;了解学生的年龄特点和学习情况,具有对学习困难进行预测、诊断、指导的能力;有对学生实验活动、实践活动、创新活动进行指导的能力。	有一定的语言表达能力;能预测教学活动中可能出现的问题;能根据学生的差异进行有针对性的指导。	教学语言平淡,缺乏对学生已有知识水平和学习困难的研究和预测。	学生访谈
	作业指导	把作业指导作为了解教学效果和学生学习水平的重要工作,做到课内外作业及时批改;根据知识与技能训练的需要,开发、丰富练习内容,一、二年级不留书面课外作业。	把作业指导作为了解课堂教学效果的手段,做到课内作业及时批改,学生课外书面作业适量。	作业批改不及时或经常不批改;布置课外书面作业的随意性很大,有时作为惩罚学生的手段。	学生访谈

表格中包括几个维度：职业道德、建立关系、专业技能等。每个维度下又可以细分为更具体的评价项目，比如职业道德可以包括自尊自律、自重自爱、以人为本、关爱学生、淡泊名利、志存高远、刻苦钻研、严谨笃

学；专业技能可以包括教学技能、教学能力、作业指导等方面。

在评价细则的制定过程中，我们充分尊重了学生的意见和建议，确保评价标准的客观性和公正性。同时，我们也注意到，这些评价细则并不是一成不变的，随着教学活动的深入和学生需求的不断变化，我们也需要对评价标准进行不断地修订和完善。

通过这样的评价标准表格，我们可以更加清晰地了解每位老师在教学过程中的表现，从而为他们提供更加有针对性的指导和帮助。同时，学生们也可以根据这个评价标准来更加客观地评价自己的老师，促进师生之间的沟通和理解。

同时，我们尝试着在这份评价标准的指引下，设计一份实验区小学生评价教师调查问卷，用小学生熟悉的字眼，用他们能够看得懂的生动、活泼的话语作为备选项，力求引导小学生为他们朝夕相处的老师做出一个相对客观、公正的评判。

实验区小学生评价教师调查问卷

亲爱的同学们：

你们好！很高兴认识你们！相信你们与自己的老师朝夕相处，肯定对他们很熟悉吧！现在，就请你们认真思考、仔细观察并如实地填写这份问卷，给予自己的老师一个最公正的评价吧！你只需要选择最符合你心情的图案并打勾即可，我们会为你保密！如果你的老师很符合给出的描述，请选择🙂；如果你的老师只是偶尔出现下列行为，请选择😐；如果你的老师从来都没有下列行为，请选择🙁。

1.我的老师上课时很温柔，眼神也很迷人，经常讲笑话逗我们笑。

🙂□　　　　😐□　　　　🙁□

2.我的老师上课时总是很严肃，样子很吓人，从来没有正经笑过一回。

🙂□　　　　😐□　　　　🙁□

3. 我的老师上课时很斯文，文质彬彬，很少看到他（她）发怒的样子。

☺□　　😐□　　☹□

4. 我的老师上课时经常提问，让我们发表自己的意见。

☺□　　😐□　　☹□

5. 我的老师无论是家中琐事缠身，还是身体不适，都从未缺席过我们的课堂，始终坚守在三尺讲台上，为我们传道授业解惑。

☺□　　😐□　　☹□

6. 我的老师总是耐心地倾听我们的解释，像一位公正的法官，仔细甄别事情的来龙去脉，直到真相大白，才会根据事实作出公正的裁决。

☺□　　😐□　　☹□

7. 当我们遇到困难时，老师总是俯下身子，耐心地讲解，直到我们学懂。

☺□　　😐□　　☹□

8. 我的老师讲课时，能通过一些有新意的玩笑，调动同学们听讲的兴趣，而且在不知不觉间就使大家认真听起了课。

☺□　　😐□　　☹□

9. 当我们将一道题反复做错时，老师就会很生气，骂我们“笨”。

☺□　　😐□　　☹□

10. 我的老师在办公室里总是埋头批改我们的作业，一会儿皱眉，一会儿沉思……一停，一顿，一勾之间，我们的成绩提升得很快。

☺□　　😐□　　☹□

11. 我的老师总是占用体育课、音乐课、美术课的时间讲配套练习题，虽然知道是为了我们好，可是我们心里还是很想去玩。

☺□　　😐□　　☹□

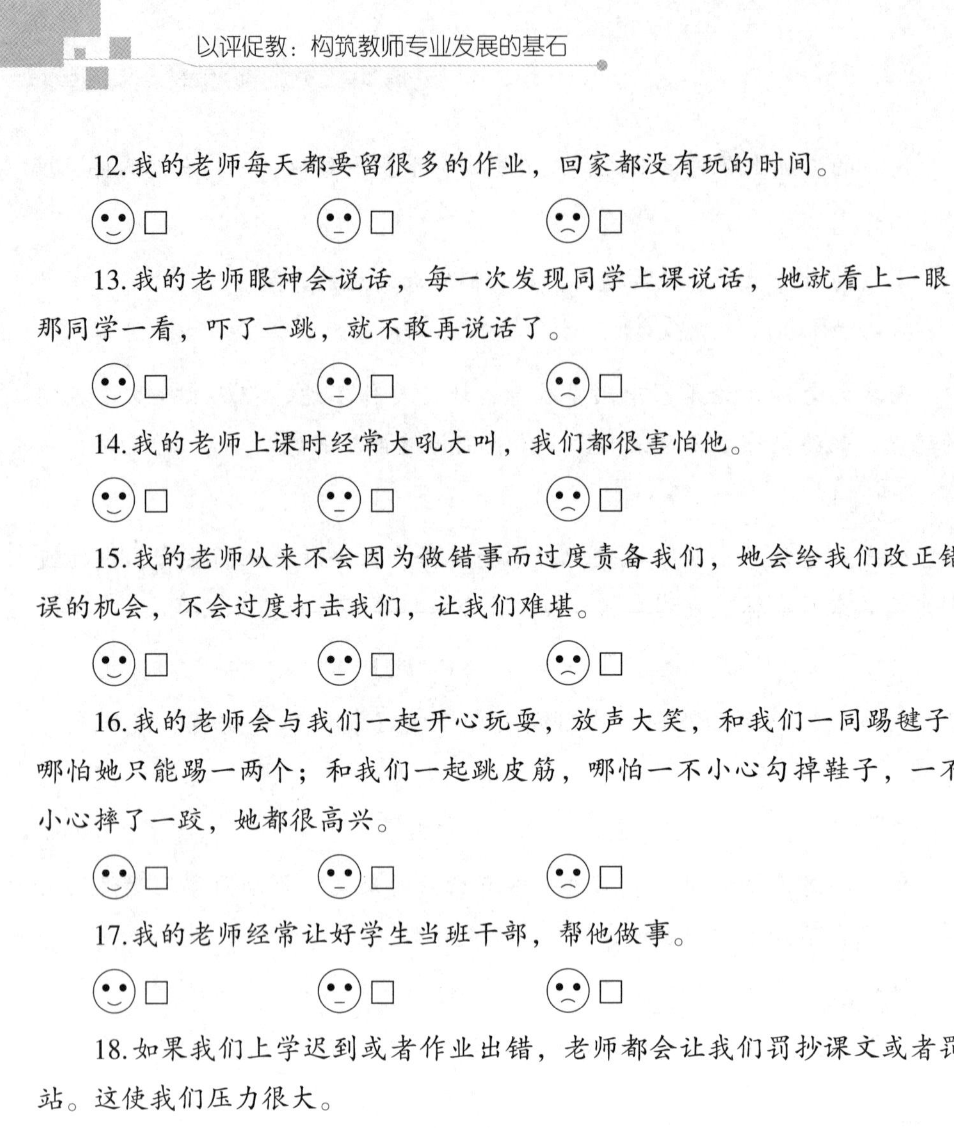

12.我的老师每天都要留很多的作业，回家都没有玩的时间。

☺□　　　😐□　　　☹□

13.我的老师眼神会说话，每一次发现同学上课说话，她就看上一眼，那同学一看，吓了一跳，就不敢再说话了。

☺□　　　😐□　　　☹□

14.我的老师上课时经常大吼大叫，我们都很害怕他。

☺□　　　😐□　　　☹□

15.我的老师从来不会因为做错事而过度责备我们，她会给我们改正错误的机会，不会过度打击我们，让我们难堪。

☺□　　　😐□　　　☹□

16.我的老师会与我们一起开心玩耍，放声大笑，和我们一同踢毽子，哪怕她只能踢一两个；和我们一起跳皮筋，哪怕一不小心勾掉鞋子，一不小心摔了一跤，她都很高兴。

☺□　　　😐□　　　☹□

17.我的老师经常让好学生当班干部，帮他做事。

☺□　　　😐□　　　☹□

18.如果我们上学迟到或者作业出错，老师都会让我们罚抄课文或者罚站。这使我们压力很大。

☺□　　　😐□　　　☹□

19.当我考得不好时，我的老师总会安慰我，告诉我：“下次努力！”

☺□　　　😐□　　　☹□

20.当我们犯错误的时候，老师会打骂我们，让我们写检讨，罚作业，罚背课文。其实，我并不是十分清楚我究竟做错了什么。

☺□　　　😐□　　　☹□

21. 当我考得不好时，我的老师就会在家长会上点我的名字。爸爸妈妈回家后就会批评教育我。

🙂□　　😐□　　🙁□

22. 我们每次考完试以后都要排名次。老师总是表扬考得好的学生，讽刺、挖苦考得差的学生。

🙂□　　😐□　　🙁□

23. 我的老师每天只会讲课，从来也不知道我们心里是高兴、快乐还是难受。

🙂□　　😐□　　🙁□

24. 我的老师是我们的死党，是我们的开心果、及时雨和大活宝。

🙂□　　😐□　　🙁□

25. 我的老师心眼很小，只要我们做错事，他就不批作业，对我们不闻不问。

🙂□　　😐□　　🙁□

26. 我的老师各种各样的活动都让好学生去做，撒手不管中等的学生或学习较差的学生。

🙂□　　😐□　　🙁□

27. 我的老师是奖罚分明的，不会因好学生做错了事而袒护，也不会因差学生做了好事而不表扬。

🙂□　　😐□　　🙁□

28. 我的老师每日放学后都会耐心要求我们改正错题，并且不厌其烦地一遍遍为我们讲解，直至我们理解。

🙂□　　😐□　　🙁□

29.我的老师总是让没有写完作业的同学在楼道里写作业，不写完不让进教室上课。

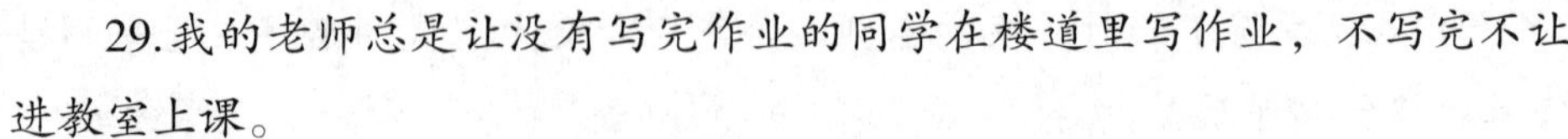

30.我的老师上课时总是与同学们一起争论练习题的答案，一直到面红耳赤为止。

祝学业进步，天天开心！

实验区小学生评价教师调查问卷，涵盖师德情感态度、工作态度、教学水平与质量、教学效果等方面。调查表详细列出了教师在教学过程中的具体表现，如尊重家长、与家长沟通的态度、教学内容的充实性、作业的适量与多样性、作业批改符合要求、课后答疑的有效性、教学方法的科学性、因材施教的实施、概念的准确性、逻辑的严谨性、表达的清晰性、调动学生学习积极性的能力以及考试考察结果的优良性。

随后，研究小组对学生的问卷调查从教学风格与师生互动、工作态度与责任心、对待学生错误与成绩、师生关系与班级管理等方面进行分析，给学校评价教师、教师开展自评提供了一份来自学生调查结果的建议书。

实验区小学生评价教师调查表分析及建议书

一、问卷分析

1.教学风格与师生互动：学生对教师教学风格的感受差异明显。部分教师以温柔、幽默的形象深受学生喜爱，如通过讲笑话、开有新意的玩笑来调动课堂气氛（问题1、8）；而有的教师则因严肃、经常大吼大叫让学生感到害怕（问题2、14）。在课堂互动方面，有的教师积极鼓励学生发言，通过提问让学生发表意见（问题4），但也有教师缺乏深入的心灵交流，难以把握学生的情绪变化（问题23）。

2. 工作态度与责任心：多数学生对教师的敬业精神表示认可，他们中有的即便生病或家中有事，也依然坚守讲台（问题5），还有教师课后认真批改作业，助力学生成绩提升（问题10）。然而，也有教师为提高成绩，不惜占用副科时间（问题11），这种做法虽出于好意，但在一定程度上影响了学生的全面发展和兴趣培养。

3. 对待学生错误与成绩：在处理学生错误时，部分教师展现出耐心和宽容，会耐心听学生解释，给予改正机会（问题6、15）；然而，也存在一些教师的处理方式欠妥，如辱骂学生“笨”（问题9），因小错过度惩罚学生，包括罚抄、罚站、打骂等（问题18、20），甚至在家长会上公开批评成绩差的学生，导致学生回家受罚（问题21）。在成绩评价方面，有的老师只注重排名，对成绩差的学生讽刺、挖苦（问题22），这对学生的自尊心和学习积极性造成极大伤害。

4. 师生关系与班级管理：一些教师能与学生打成一片，一起玩耍，建立起亲密的师生关系（问题16、24）；但也有老师在班级管理中存在偏向，总是让好学生当班干部、参与各种活动，忽视中等生和差生（问题17、26）。此外，个别老师在学生犯错时，采取极端方式，如不批作业、不闻不问（问题25），还有老师让未完成作业的学生在楼道罚写，影响学生正常上课（问题29）。

二、给教师的建议

1. 优化教学风格与互动方式

（1）保持亲和力：尽量展现温和、友善的一面，减少严肃、吓人的表情和行为。即使在维持课堂纪律时，也可采用更巧妙、幽默的方式，而非单纯靠威严震慑学生。

（2）增加课堂互动：持续鼓励学生积极参与课堂讨论，提问后给予学生足够的思考时间，尊重每个学生的观点，无论对错都给予正面反馈，引导学生深入思考。同时，关注学生的情绪变化，通过眼神交流、表情互动等方式，及时了解学生的课堂状态，适时调整教学节奏和方法。

2.平衡工作态度与教育理念

（1）合理安排教学时间：在重视主科教学的同时，尊重课程设置的科学性，不随意占用副科时间。教师可以通过提高课堂教学效率、优化教学内容，实现学生知识学习与综合素质培养的平衡。

（2）注重课后辅导质量：继续保持认真批改作业的态度，针对学生作业中的问题，进行有针对性的辅导。但辅导方式应更灵活，避免机械地让学生反复改错题，可采用小组互助、个别指导等多样化形式，提高学生自主学习能力。

3.改进对待学生错误与成绩的方式

（1）鼓励式教育：在教育过程中，鼓励式教育被证明能够显著提升学生的自信心和内在动机，促进问题解决能力的发展，减少心理压力，并且注重个体差异，尊重每个学生的独特需求。例如，教师可以通过表扬奖励机制及时认可学生的进步，无论大小，从而激发学生的学习兴趣和动力。此外，鼓励式教育还能够帮助学生建立积极的师生关系，促进团队合作，提高学生满意度和忠诚度，以及促进创新和发展。

（2）多元化评价：不唯成绩论，关注学生努力、进步及品德、特长等闪光点。家长会时，教师应分享学生全面发展情况，而非仅谈成绩。

4.构建平等和谐的师生关系与班级管理模式

（1）一视同仁对待学生：在班级管理中，为每个学生提供平等的机会，无论是担任班干部还是参与班级活动。关注中等生和差生的发展需求，根据学生的特点和能力，分配适合的任务，激发他们的积极性和责任感。

（2）正确处理学生问题：当学生犯错时，冷静对待，避免情绪化的处理方式，如不批作业、不闻不问或极端惩罚。应运用有效的沟通技巧和正面引导策略，协助学生深刻认识自身错误并积极改正。同时，加强与学生的情感交流，除了关心学生的学习，还应关心学生的生活和心理状况，真正成为学生的良师益友。

五、基于家长社会需求的教师评价内容建构

家长作为学生的父母，自然十分关心学生在校的发展以及受到了什么样的教育；同时，促进家校协同也是学校教育的重要职责。因此，家长评价教师一方面是家长应有的权利，另一方面也是促使家长了解学校和教师，形成家校教育合力的有效途径。然而，在我国，许多学校的办学都是相对封闭的，家长从习惯上被看作一种教育以外的力量，他们对学校教育的参与权利在很大程度上受到限制。因此，我们可以采取与家长互通书信的方式，或者邀请家长来校参观，近距离地感受教师的工作态度与工作方式，对孩子的任课教师作出一个相对客观的评价。

我们始终认为："学生、家长的满意是学校的生命线！"因而，及时地与家长沟通，向家长传递学校教育教学的信息，邀请家长到学校听课评课是每一个对孩子成长负责的学校所必须做的。而家长也可以通过书信向学校提供合理化的建议，最重要的是可以帮助家长呈现他们"他们心目中理想的好教师"。为了更加客观、准确地展示家长对理想教师的评价标准，我们将以"您心目中的教师"为题，向这五所学校的家长征稿，并对一些高频词汇进行统计。最后将这些高频词汇作为备选项编入评价指标中，便于家长准确地、客观地评价教师。以下是家长征文中出现的一些重要内容摘录：

> 亲爱的家长们：
>
> 在孩子的成长过程中，您一定接触过许多老师，有令您喜欢的，有令您讨厌的，在您的心目中什么样的老师是称职的好老师……请您将心中的老师形象画一画、写一写。

【摘录1】老师虽层次有别，各有所长，但我认为一名好的老师应具备以下三个基本条件：一是要有师德。教书应首先育人，老师的一言一行、

一举一动都具有榜样的力量，只有严于律己，从自身做起，才能从一点一滴中感化学生，塑造学生。二是要有知识。知识是老师赖以生存的基本素养，只有拥有足够的知识，才能满足学生的求知欲，才能更好地为学生释疑解惑。三是要有亲和力。亲和力是师生之间最有效的感情纽带。有了亲和力，才能拉近与学生的距离，才能使学生善于发问、敢于发问，从而对其所教学科产生浓厚的兴趣。

【摘录2】儿子八岁了，从幼儿园起已经经历了十几位老师，从孩子的口中得知，他最喜欢的几位老师都有共同的特质，他们给孩子无私的爱，让孩子在他们身边感到无比的温暖，在传道、授业、解惑的过程中，都很有趣、幽默。比如教数学的魏老师，教语文的张老师，教围棋的俞老师，他们带着孩子们在游戏中学习，用学到的知识去生活中实践，让孩子们学得轻松、快乐，不仅知识掌握得牢固，更重要的是体会到学习的乐趣与真谛。

【摘录3】我眼中的好老师是一个有着丰富学识，每天面带微笑的老师，课堂上会用最生动的语言来活跃课堂的气氛，会让孩子学会思考，让孩子成为课堂的主体，质疑问难，激发其学习兴趣与乐趣的引导者。

【摘录4】我眼中的好老师是一个注重社会实践的好老师，组织孩子们去搞环境调查，写调查报告；体验农家生活，领略田园风光；倡导饲养小动物，种植花草，撰写自己的观察日记。

【摘录5】我眼中的好老师会鼓励孩子们参加丰富多彩的第二课堂活动，在艺术的殿堂不断遨游。参观科技馆、美术馆、博物馆……在不同的方式中使同学们发现科学的奥妙，艺术瑰宝的绚丽。

【摘录6】我眼中的好老师是一位善于培养孩子爱心的好老师。她能及时表扬那些为班级做好事的学生。她教导学生母亲节要向妈妈表示感谢，“五一”劳动节鼓励孩子当一天爱做家务的小主人，要向贫困山区捐献衣物，帮助需要帮助的人。

【摘录7】我眼中的好老师是一个善于利用作业开发孩子潜在创造力的老师。作业的形式不光是写，还有听、说、做，他不会给孩子布置太多的作业，而是给他们充分的时间根据自己的不足去努力学习。他号召大家运动健身，让大家有充沛的精力投入学习。

【摘录8】在我们的心目中，希望老师是位慈祥和蔼、平易近人的人，她对孩子有耐心、不偏心，举止文雅、端庄，为人师表，主动为孩子着想，以身作则，言传身教，这样的老师是称职的好老师。

【摘录9】我心目中的好老师，不但有着“四心”，还具备“四君子”的气质。“四心”是爱心、童心、慧心、责任心，“四君子”的气质是高洁傲岸、优雅空灵、虚心有节、冷艳清贞。爱心是和学生心贴着心，善于鼓励，博大而宽容。童心是凡事都站在孩子的角度来考虑问题，与孩子同喜同乐。慧心是来自自己的内心深处，来自自己不断丰富自己的过程。古人云：“腹有诗书气自华。”责任心是事无巨细，关心呵护，事必躬亲，责任心之所在。

【摘录10】在我心中，称职的好老师应具备以下几点：1.具有出色的表达和沟通能力，能够倾听学生的声音，理解他们的需求，并通过有效的语言和非语言沟通技巧，建立良好的师生关系。2.在赏罚学生时，能够做到公平合理，赏罚有据、有度，确保赏罚的实施既不搞平均主义，也不偏袒，同时注重精神奖励，避免物质奖励过高带来的负面影响。3.态度友好，尊重学生。4.乐观、幽默、公正、不偏爱。5.对学生表示信任，乐意与学生交朋友，欢迎学生为班级作出贡献。“不称职”的老师表现为：1.教学方式单一。2.注重惩罚，而不注意表扬，严肃，不冷静，也不苟言笑。3.对学习差的学生冷嘲热讽，体罚甚至打骂。

【摘录11】我认为好老师的标准是：不管那老师文凭怎么样，专业怎么样，只要在管理学生的时候是真心为了学生，是秉持着师道为公的原则去处理问题的老师就是一个好老师。优秀的教师通过制定个性化的教学计划，营造积极的教学氛围，以及提供足够的资源和支持，能够激发学生的积极性，使他们明确学习目的，从而主动、积极地获取知识。此外，教师应鼓励学生参与课堂讨论和互动，增强学习的主动性和参与度。通过启发式教学和设置有趣的课程内容，教师可以激发学生的求知欲和学习兴趣，进而提高其学习积极性。同时，建立良好的师生关系，尊重和关心学生，以及鼓励和表扬学生的进步，都是调动学生积极性的有效手段。德育方面，教师应引导学生参加社会公益活动，加强德育，使学生成为遵纪守法的模范。

【摘录12】我心目中的好老师要热爱教育事业。热爱工作的人总是积极愉快的，老师若热爱教育，乐于与学生相处，必是尽心尽责的好老师。我心目中的好老师要喜欢孩子，富有爱心。老师喜爱学生，像对待自己的孩子一样对待学生，学生一定会深切感受到老师的慈爱和关心。我心目中的好老师要幽默风趣、寓教于乐。孩子们喜欢游戏，若在游戏和故事中切入教学，则孩子更易于理解和掌握知识。

【摘录13】我心目中的好老师：1.有爱心。对待学生像对自己的孩子一样关心爱护。2.有责任心。老师是学生的楷模，一位对学生认真负责的老师，其教出的学生往往也具备强烈的责任感。无论学生的学习成绩优劣，这种责任感都尤为重要。3.老师必须密切关注学生的学习状态，积极引领他们学习。同时，老师还需精通自己的专业领域，并掌握有效的教学方法。4.老师要负责管理与督促学生的学习。5.老师能够系统地思考自己的教学，并从经验中学习。6.老师要与其他专业人士合作，提升学校教学质量。经常与家长沟通，倾听他们的意见，尊重他们的看法，告知他们孩子的成绩，让他们了解学校的教学计划。

【摘录14】我认为作为一名老师，要一视同仁，容易跟学生亲近。最主要的是要爱学生，对学生负责。要有良好的师德，平等对待每个学生，关心学生，对学生的失误和错误保持高度的宽容。理解学生，鼓励学生，尊重学生。

【摘录15】我心目中的老师是一个能关爱孩子，给孩子减轻压力，对自己本职工作十分负责认真，上课语言幽默、方法新颖独特的老师。希望天下每一位老师都关爱孩子，使所有的孩子都能快乐学习、健康成长！

【摘录16】我心目中的老师对待孩子要像对待自己的孩子一样，跟孩子相处要像朋友一样。他亲切、和蔼、可亲，多给孩子一些信任的眼神、微笑的脸庞、亲切的话语，使孩子从中得到鼓舞和教诲。他应具备一颗真诚纯洁的童心，能设身处地为孩子着想，拉近师生之间的距离，增进沟通，使师生关系更融洽。

【摘录17】好老师应当是仪表庄重大方、衣着整洁、精神饱满、表情严肃自然、道德高尚、态度积极、严谨认真、言行一致的，有渊博的知识、深厚的文化修养，精通专业，在本学科本专业领域有较高水平。关心每一位学生的健康成长，因材施教，能让每一位学生对其既亲近又尊敬，乐意听老师的话，能让学生很快并始终喜欢上其所教授的课程。对学生高尚人格的形成和学习兴趣及方法能力的培养产生长久的影响。1.热爱教育事业，有高度的责任心。2.有丰富的教学经验，能激发学生的学习兴趣，有幽默感，能吸引学生。3.一视同仁，公平、公正、平等地对待每个学生，因材施教，关注每个学生的发展。4.善于与学生交流，善于培养学生的自信心，是学生的良师益友。5.教育理念新，教学方法活，教育质量高。

【摘录18】对学生要求严格、讲课严谨是好老师；和蔼可亲，容易与学生沟通，亦师亦友的老师是好老师；能够与家长一起发现不同学生的长处，加以引导的老师是好老师；及时发现学生问题，给予必要教诲的老师是好老师；关心学生学习，也关心学生生活的老师是好老师；让学生爱上学习，学会学习的老师是好老师；让学生拥有明辨是非的能力，与人沟通的能力的老师是好老师；在传道、授业、解惑的过程中将真、善、美也教授给学生的老师是好老师；了解学生，懂得学生，爱学生的老师都是好老师。喜欢孩子，热爱教师这一行业的人都会成为好老师。

【摘录19】我一贯认为，教师这个职业无比崇高，无比光荣。它是一个民族乃至一个国家兴旺的根源，所以应当由最优秀的人来承担这项工作。我心目中的老师应该具备以下几点：1.具有奉献的精神。2.具有博爱的品质。3.具有耐心的性格。4.具有渊博的知识。5.能够坚持真理，不与世俗同流。6.教学方法新颖活泼。7.善于关注那些学习较差的学生，能够激发学生的潜能。8.经常关心学生的心理，能够把握学生的思想。9.有爱笑的习惯。

【摘录20】我所喜欢的老师应该是：有较高的知识水平，有很强的教学能力，有很强的责任感，综合素质高，处理问题能力强。当孩子犯了错误时，不要太责怪，希望先弄清楚情况再做反应。说一个老师应该说的话，做一个老师应该做的事，不要正话反说，更不要阴阳怪气。同时，也希望学校中班额不要太大，否则，肯定有好多孩子不会被顾及到，根本谈不上“每个孩子受教育的权利是平等的”。

【摘录21】一个称职的好老师首先应该有一颗宽容博爱的心，会教学生微笑着面对人生，让学生敢于在众人面前展示自我。一个好老师应该敬业爱岗，要有严谨认真、全力负责的工作态度，他会精心备课，会呕心沥血地批改每一份作业；会对班里的学生一视同仁，公平公正。一个好老师应该有扎实的教学水平和渊博的知识，有独特的教学方式，新颖的思维方式与技巧，寓教于乐，幽默风趣，这样会让学生很轻松地上课，提高学习效率。三尺讲台，一块黑板，一根粉笔是老师挥洒人生的舞台。感谢每一位老师，感谢每一位教会我们生活的益友。

【摘录22】我心中崇敬的好老师是可以认识孩子、尊重孩子、调动孩子、帮助孩子、引领孩子、开发孩子、保护孩子、磨炼孩子的智者！为了孩子，作为父母的我们，也会全力以赴配合老师做好每一件事，努力成为有爱、有智慧的家长！

【摘录23】我心目中的好老师在学生中是有威望和影响力的人，她教过的学生不一定成才，但是受她的影响有对待人生的积极态度。她爱岗敬业、师德高尚、水平过硬、活泼幽默、平易近人、公平对待每一个学生，然而做到这些又谈何容易。因此要成为心目中至高无上的好老师真的很难。

【摘录24】首先，要想成为一名称职的好老师，必须拥有扎实过硬的专业知识，这样才能准确无误地讲授所教的课程。其次，必须具有较强的语言表达能力，在课堂上能够做到条理清晰、语言流畅，这有助于学生更好地掌握课堂内容。再次，要想让学生喜欢自己所教的课程，老师应该具有活泼开朗的性格，善于和学生交流，课堂气氛要活跃，这样才能激发学生的学习兴趣。最后，老师应该做到以身作则、言传身教。

通过对家长问卷当中出现的有关老师性格、师德、专业能力、师生态度等方面的统计，我们发现在家长的心目中，他们对老师的评价主要有以下几方面：职业道德（师德）、师生关系、专业技能等。职业道德（师德）：敬业爱岗、奉献精神、言传身教、耐心、博爱、关心、关爱等。师生关系：尊重、公平、一视同仁、和蔼可亲等。专业技能：扎实的教学水平和渊博的知识、很强的教学能力、教育理念新、教学方法活、教育质量高等。

根据家长对心目中理想教师的描述，实验校也大致勾勒出家长对教师评价的标准。（如表4–38所示）

表4–38　家长对教师评价标准表

一级指标	二级指标	评估等级标准			评估方式
		A	B	C	
师德情感态度	尊重他人	非常尊重家长，尊重学生；与家长交往、沟通时，态度和气、语言亲切有礼貌。	热爱教育事业；比较喜欢教师工作；关心学生。	不尊重家长，不尊重学生。与家长交往、沟通时，态度恶劣、没有礼貌。	家长访谈
	关爱学生	尊重学生，关心、爱护每一个学生，获得学生的喜爱、信任；非常公平地对待每一个学生；对每个学生都非常了解。	严格要求学生；因材施教，关心每一个学生；一视同仁，公平地对待每一个学生；比较了解学生。	根据个人偏好随性地对待学生，不能够科学地分析学生的行为。	家长访谈
	淡泊名利	具有为学生服务和奉献的精神；潜心研究专业知识；理性地看待社会诱惑。	潜心研究专业知识；理性地看待社会诱惑；比较注重教育的民主性。	不能够静心地从事专业知识的学习，无法抵制社会诱惑。	家长访谈

续表4-38

一级指标	二级指标	评估等级标准			评估方式
		A	B	C	
建立关系	家访情况	能主动家访，或通过电话、书信等形式与家长沟通交流，及时反映学生学习活动情况；建立相互信任、相互尊重、沟通互利的关系。	能够基本做到家访，或通过电话、书信等形式与家长沟通交流；建立比较相互信任，相互信任、相互尊重的关系。	对学生漠不关心，专制，疏于交流。	家长访谈
教师教学技能	学生习惯养成	发现学生在生活或学习上有不良习惯时，及时主动地监督学生，并指导学生改正且取得良好的效果。	发现学生在生活或学习上有不良习惯时，监督学生，指导学生改正。	对学生的不良习惯漠不关心。	家长访谈
	教学能力	有较强的、有一定感染力的语言表达能力；了解学生的年龄特点和学习情况，具有对学习困难进行预测、诊断、指导的能力；有对学生实验活动、实践活动、创新活动进行指导的能力。	有一定的语言表达能力；能预测教学活动中可能出现的问题；能根据学生的差异进行有针对性的指导。	教学语言平淡，缺乏对学生已有的知识水平和学习困难的研究和预测。	家长访谈
	布置、批改作业	作业与试卷批改认真、规范，反馈及时，且形式多样，有书面、口头和实践性作业；根据知识与技能训练的需要，开发、丰富练习内容，一、二年级不留书面课外作业。	把作业指导作为了解课堂教学效果的手段，做到课内作业及时批改；学生课外书面作业适量。	作业批改不及时或经常不批改；布置课外书面作业的随意性很大，有时作为惩罚学生的手段。	家长访谈

在设计实验区家长评价教师调查问卷时，我们参考了现有的评价标准和结构，确保评价表包含全面的评价项目，如师德修养、家访情况、课堂教学、作业批改情况、学生习惯养成情况和教学效果等。我们力求使用规范、生动、形象化的语言，引导家长全面了解教师的工作，并作出客观、公正的评价。

实验区家长评价教师调查问卷

亲爱的家长：

您好！相信您对自己孩子的老师有一定的了解。现在，就请您认真思考、仔细观察并如实地填写这份表格，给予老师一个公正的评价吧！此问卷以匿名形式填写。如果孩子的老师很符合给出的描述，请选择☺；如果他（她）的老师只是偶尔出现下列行为，请选择😐；如果他（她）的老师从来都没有下列行为，请选择☹。

1.我眼中的好老师是学识丰富，每天带着微笑的老师。

☺□　　　　😐□　　　　☹□

2.我眼中的好老师是开朗、快乐、善良、富有同情心、知识丰富的人。

☺□　　　　😐□　　　　☹□

3.我眼中的好老师是教学经验丰富、纪律严明的老师。

☺□　　　　😐□　　　　☹□

4.我眼中的好老师是位慈祥和蔼、平易近人的人，对孩子有耐心，不偏心，举止文雅、端庄，为人师表，主动为孩子着想，以身作则，言传身教。

☺□　　　　😐□　　　　☹□

5.我心目中的好老师应当是仪表庄重大方，衣着整洁，精神饱满，表情严肃自然，道德高尚，态度积极，严谨认真，言行一致。

☺□　　😐□　　☹□

6.我心目中的好老师是富有爱心、童心、慧心、责任心的人。

☺□　　😐□　　☹□

7.我眼中的好老师是给孩子无私的爱，让孩子在他们身边感到无比的温暖，在传道、授业、解惑的过程中，都很幽默风趣。

☺□　　😐□　　☹□

8.我心目中的好老师是能启发式地教授知识，激发孩子的求知热情，教学方法创新。

☺□　　😐□　　☹□

9.我心目中的老师以自己人格的力量和创新的精神树立了一个个光辉的形象，同时在潜移默化中培养孩子关心他人、关心集体、认真负责、诚实勤俭、勇敢正直、活泼向上的品格。

☺□　　😐□　　☹□

10. 我心目中的好老师是一个敬业爱岗，有扎实的专业知识，有严谨认真、全力负责的工作态度，有扎实的教学水平和渊博的知识。

☺□　　😐□　　☹□

11.我心目中的好老师是让孩子德、智、体、美、劳全面发展，各尽其才，因材施教，让孩子在不同的成长渠道中健康成长。

☺□　　😐□　　☹□

12.我眼中的好老师是热爱教育事业，上课生动活泼，知识全面广泛，能吸引学生；教学认真负责，能从学习方法上引导学生；善于发现孩子的优点，对孩子多鼓励少批评，做孩子亲密的朋友。

☺□　　😐□　　☹□

13. 我眼中的好老师关心、爱护学生，对学生一视同仁，不以个人好恶区别对待。关注学生身心健康，不以成绩作为评价学生的唯一标准。

☺ □　　😐 □　　☹ □

14. 我眼中最称职的老师：年龄偏大、稳重、有责任心、耐心、爱心，比如现任班主任是比较喜欢的类型。最讨厌的老师：不负责任、无所作为、事不关己的老师。

☺ □　　😐 □　　☹ □

15. 我眼中的好老师关注学生，能带领学生学习，负责管理与督导学生。他必须熟悉自己的专业以及教学的方法，能够系统地思考自己的教学，并从经验中学习，能与其他专业人士合作，提升教学质量。

☺ □　　😐 □　　☹ □

16. 我心目中的老师对待孩子要像对待自己的孩子一样，跟孩子相处像朋友一样。他能多给孩子一些信任的眼神、微笑的脸庞、亲切的话语，使孩子从中得到鼓舞和教诲。

☺ □　　😐 □　　☹ □

17. 我心目中的老师应具备一颗真诚纯洁的童心，设身处地缩短师生之间的距离，增进沟通，使师生关系更融洽。

☺ □　　😐 □　　☹ □

18. 我眼中的好老师是一个能用人格魅力影响学生，能够坚持真理，不与世俗同流。

☺ □　　😐 □　　☹ □

19. 我心目中的好老师要尊重学生，善于关注那些差学生，能够发挥学生的潜能；一视同仁，公平、公正、平等地对待每个学生；善于与学生交流，善于培养学生的自信心；不粗暴地对待学生，不伤害他们的自尊心。

☺ □　　😐 □　　☹ □

20. 我心目中的好老师应摒弃以成绩论学生的做法，注重培养学生的全

面素质，重视学生成长，尊重学生个性。

☺□　　　😐□　　　☹□

21.我心目中的好老师是能耐心和同学们交流，能及时发现学生的思想变化，做学生的贴心人，关心同学的身体健康，了解学生的身体状况，以及困难或特殊学生的家庭背景。

☺□　　　😐□　　　☹□

22.我心目中的好老师是有丰富的教学经验，能够激发学生的学习兴趣，有幽默感，能吸引学生。他的教学方法新颖活泼，善于和学生交流，课堂气氛活跃。

☺□　　　😐□　　　☹□

23.我心目中的好老师要善于关注那些差学生，能够发挥学生的潜能；能够经常关心学生的心理，把握学生的思想；能够正确看待学生的错误，用宽容的态度对待。

☺□　　　😐□　　　☹□

24.我心目中的好老师要拥有扎实过硬的专业知识，能准确无误地讲授所教的课程；具有较强的语言表达能力，在课堂上能够做到条理清晰、语言流畅。

☺□　　　😐□　　　☹□

25.我心目中的好老师要认真备课，动脑筋讲课，及时批改作业，释疑解惑。

☺□　　　😐□　　　☹□

26.我心目中的好老师要不断学习、更新知识，适应社会形势需要，倡导和实施素质教育。

☺□　　　😐□　　　☹□

27.我心目中的好教师要不断地学习，通过学习不断探索，不断完善自我，以自己的人格魅力去熏陶、影响学生，通过自身对学科的投入精神来激励学生的学习，做好榜样，激发学生的求知欲。

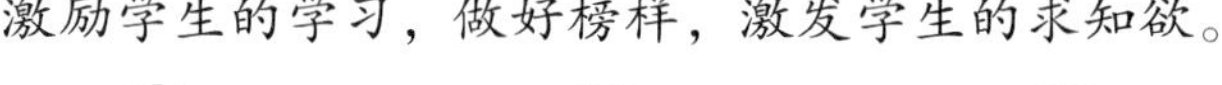

28.我心目中的好老师不应以各种形式惩罚、体罚学生，尤其是以“教育”为借口。他能坚持传统美德、坚持师德，不向学生灌输各种错误的价值观。

29.我心目中的好老师要做到及时纠正学生的不良习惯。

30.我们喜欢这样的老师：和蔼可亲，有亲和力；业务能力强，教学认真、负责；当班主任要有爱心，耐心、细致；课堂教学内容丰富、方法多样；懂得教书育人、以身作则；培养孩子们的集体主义、团队精神。

祝工作顺利，阖家安康！

研究小组对家长评价问卷是从家长对教师素养的多维度期待、对师生关系的重视、对学生全面发展的关注、对教师教学工作细节的关注等方面进行分析，给实验学校开展教师评价工作提供了一份来自家长调查结果的建议书。

实验区小学生评价教师试用表分析及建议书

一、问卷分析

1.家长对教师素养的多维度期待。从问卷反馈来看，家长对好老师的期望涵盖多个方面。在个人品质上，期望老师开朗、善良、富有同情心、慈祥和蔼、平易近人、有耐心且不偏心（如问题2、4、16等）；在专业能力方面，要求老师学识丰富、教学经验丰富、教学方法创新、能启发学生

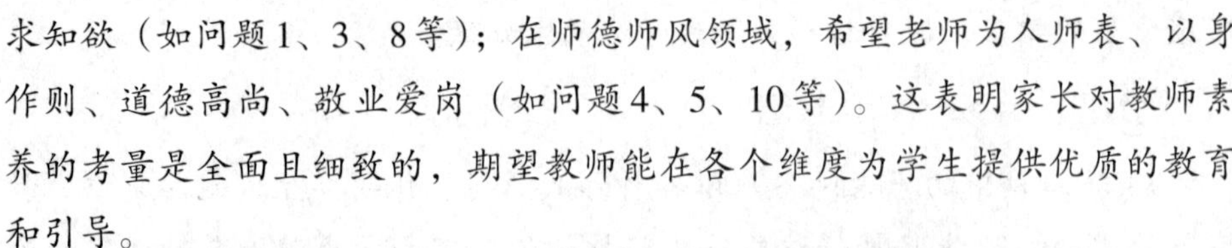

求知欲（如问题1、3、8等）；在师德师风领域，希望老师为人师表、以身作则、道德高尚、敬业爱岗（如问题4、5、10等）。这表明家长对教师素养的考量是全面且细致的，期望教师能在各个维度为学生提供优质的教育和引导。

2.对师生关系的重视。众多家长提及好老师要像对待朋友一样对待孩子，给予信任、微笑和亲切的话语，缩短师生距离，增进沟通（如问题16、17）。这反映出家长意识到良好的师生关系对学生成长的积极影响，希望教师能在情感上贴近学生，营造和谐的教育氛围。

3.对学生全面发展的关注。家长期望老师能促进学生德、智、体、美、劳全面发展，因材施教，不以成绩作为唯一评价标准（如问题11、13、20）。这体现了家长教育观念的转变，不再单纯聚焦于学业成绩，而是更加注重孩子综合素质的提升。

4.对教师教学工作细节的关注。从认真备课、及时批改作业到不断学习更新知识，家长对教师教学工作的每一步骤均抱有明确期待（如问题25、26），这不仅体现了家长对教学过程的深切关注，也寄托了对教师严谨治学、提供高品质教学服务的殷切期望。

二、给教师的建议

1.持续提升个人素养

（1）品德修养：始终保持积极乐观的心态，以微笑温暖学生和家长，展现出内心的善良与深切的同情心。在处理学生问题时，始终秉持公平、公正、不偏心的原则，耐心对待每一位学生，尤其是在学生犯错时，给予引导而非斥责。

（2）专业知识：制定长期的学习计划，不断拓宽自己的知识面。不仅要精通所教学科的专业知识，还要广泛涉猎其他领域，以满足学生日益增长的求知欲。积极参加各类教育培训和学术研讨活动，了解学科前沿动态，将最新的知识融入教学中。

2.优化教学方法与策略

（1）创新教学方法：摒弃单调的传统教学模式，引入启发式、探究式等多元化教学手段，以激发学生的内在学习动力和主动性。例如，老师通过在课堂上设置富有启发性的问题情境，引导学生主动思考并深入探索；同时，组织小组合作学习活动，以增强学生的团队协作精神和有效交流能力。

（2）关注个体差异：深入了解每位学生的学习特性和需求，实施个性化教学策略。对学习困难的学生，给予更多关怀和个性化辅导，助其找到适宜的学习路径；对学习能力强的学生，则提供挑战性的学习任务，充分满足其求知欲。

3.构建良好师生关系

（1）主动沟通交流：定期与学生进行一对一的谈话，了解他们的学习、生活和心理状况，及时发现问题并给予帮助。在课堂内外多与学生进行互动，增加彼此的了解和信任。

（2）尊重学生个性：尊重每个学生的独特个性和想法，不将自己的观点强加给学生，鼓励学生表达自己的意见和建议，营造民主、平等的课堂氛围。

4.注重自身职业发展

（1）反思教学实践：定期对自己的教学工作进行反思，总结经验教训，不断改进教学方法和策略。可以通过撰写教学日志、与同事交流等方式，促进自身教学水平的提升。

（2）参与团队合作：积极与其他教师合作，共同开展教学研究和课程设计。通过团队合作，共享教学经验和资源，互学共进。积极参与学校教研活动，助力提升整体教学质量。

5.遵循教育道德规范

（1）杜绝不当行为：严格遵守教师职业道德规范，坚决杜绝任何形式的惩罚、体罚学生的行为。在教学和交流中，始终传递正能量，树立良好榜样。

（2）坚守教育初心：无论教育环境如何变化，始终保持对教育事业的热爱和敬业精神，全身心投入教学工作中，为学生的成长和发展负责。

第五章　推进教师评价工作的建议

区域化教师评价改革是深化新时代教育评价改革的关键抓手，其核心价值在于破解教育优质均衡发展难题。通过构建科学的区域评价生态，可系统性提升教师队伍质量。学校要重视教师队伍建设，加强教师职业道德教育和师德考核，建立科学合理的教师教育教学考评制度，定期组织考核。针对当前教师评价中存在的师德引领虚化、专业发展同质化、科研与教学“两张皮”等问题，结合新时代教育评价改革要求，提出以下系统性建议。

一、师德建设：构建家校社协同的“浸润式”引领体系

师德建设需突破传统说教模式，建立“价值引领—行为约束—生态滋养”三位一体机制。学校要注重顶层设计，认真制定《教师队伍建设三年发展规划》，确立发展目标、内容、方法、措施、保障和评价，强化师德建设，锻造德艺双馨教师队伍。通过会议宣传、活动开展、责任书签订等各种途径提升教师的师德。建议学校在开展师德规范方面另辟蹊径，引入“师德规范家长反馈卡”，让家长明确学校对教师的师德规范，承诺“不给教师送礼、不在课外将孩子送到教师处参加有偿补课”等相关行为，并对学校教师的师德满意度进行反馈；开展“五师四有”主题活动，提倡营造风清气正、乐于奉献的良好教育生态；开展教育倡廉、读书思廉、载体传廉、典型导廉、活动兴廉、谈话促廉的“六廉教育”等活动，让师德建设有方向。同时，建立并完善师德考核机制，将师德表现纳入教师职称评定及各类评优表彰的重要依据，切实增强师德建设的实效性，构建家校协同

的监督闭环。

二、队伍建设：打造分层分类的"精准滴灌"培养模式

教师发展需破除"一刀切"思维，构建"新教师—青年教师—骨干教师—名师"的梯度成长体系。新教师学校应积极对接多元化平台，落实教师培训，保障教师研修学时有效达标。着力强化教研主阵地作用，通过开展形式多样的校本教研活动与读书活动，促进新教师可持续发展，确保新教师培养态势稳步向好。学校应以大学科教研组建设为着力点，搭建一体化研训平台，共享"三名"资源，积极探索"跨校师徒结对""校级名师团队建设"等培养模式，助推青年教师实现最优化发展。教研活动需强化项目引领意识，依托课堂教学实践开展集体教研，充分发挥教研效能，切实提升青年教师专业素养。整合"青蓝工程"与"网络研修平台"，构建"线上+线下""校内+校际"的立体化研训网络，推动老、中、青三代教师实现目标化成长。学校亦可推行"六项常规教研任务"，即教学反思、案例分析、研讨课展示、读书笔记、论文撰写及教研观摩，夯实教学研究基础。创设"集体备课六步法"，即选定课题形成个案、集体研讨形成初案、完善整理形成定案、课堂实践形成复案（试讲）、修订复案课堂检验（公开课），有效加速骨干教师专业成长。深化名师引领效应，搭建"名师工作室"，辐射带动全校教师共同进步。

三、教育科研：推动"项目—课堂—成果"的闭环转化

科研评价需聚焦教学实践痛点，以项目驱动破解"为科研而科研"的困境。大力引进和推广全面成熟的教育项目，如"新教育实验项目""全国体育联盟项目"和"情境教育"等进行试点工作，把项目推进与学校常规相融合，与学生核心素养发展相融合，通过行动研究，找准项目与学校特色的融合点，抓住切入点和落脚点，量身打造适合本校又独具特色的推进

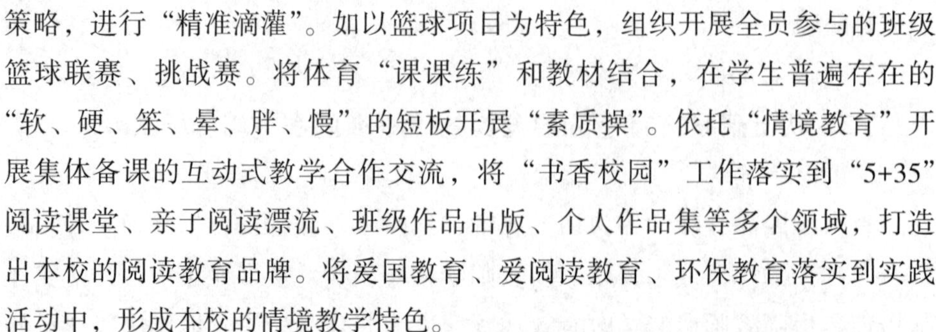
策略，进行“精准滴灌”。如以篮球项目为特色，组织开展全员参与的班级篮球联赛、挑战赛。将体育“课课练”和教材结合，在学生普遍存在的“软、硬、笨、晕、胖、慢”的短板开展“素质操”。依托“情境教育”开展集体备课的互动式教学合作交流，将“书香校园”工作落实到“5+35”阅读课堂、亲子阅读漂流、班级作品出版、个人作品集等多个领域，打造出本校的阅读教育品牌。将爱国教育、爱阅读教育、环保教育落实到实践活动中，形成本校的情境教学特色。

四、课堂提质：锚定“以生为本”的增值评价导向

课堂评价需从“教师中心”转向“学生成长”，建立“学习过程—方法习得—素养发展”的多维观测点。学校要组织教师认真学习各学科新课程标准，针对教学过程中的实际问题针对性开展校本教研，定期组织开展集体备课、听课、说课、评课等活动，保障教师专业水平和教学能力稳步提升。教师要注重对学生学习方式的引领，在课堂教学中要渗透科学的教学思想和方法，大胆开展探究式、讨论式、合作式的学习方式的探索，对课堂生成的问题给予关注，尽力为学生提供自我展示平台，对学生理解中存在的问题积极回应；学校要积极进行教改实验，注意学法指导，鼓励教师将生本教育、情境教育、新教育课堂教学等实验的成熟成果，在自己的教学中积极落实，关注项目要素，进行基于项目实验的学科教学，要有对项目实验精髓很强的理解和应用能力，使学生学习主体理念与实际教学相结合成为一种自觉。

五、专业发展：搭建“自主+支持”的可持续平台

教师发展需激活内生动力，构建“专业阅读—写作—交流”三支柱体系。学校应当将中心工作聚焦于教学工作，因为教学的核心在课堂。我们的目标是培养出知名的教师和骨干教师，通过专业阅读、专业写作以及专

业交流这三个平台，激发教师自主发展的勇气和信心。我们鼓励每位教师树立起成为教育家的宏伟目标。通过实施“种子工程”“名师进校园”等项目，致力于将教师的被动发展态度转变为积极主动的自我提升。同时，我们也将充分发挥教科研特色基地校的示范和引领作用，开展大规模的教研活动，并将“青蓝工程”与“情境教育”有效结合。我们致力于通过多种渠道和方式，包括“请进来、走出去、长出来”，促使教师不断更新观念和教学方法，特别是在培养学生的批判性思维、重视课堂的科学认知、思维流量和创新意识方面下功夫。此外，我们还将狠抓教师梯队的培养，形成一个完整的教师成长链——即教师定位培养的实施策略。对于新教师，我们提供三“入”培养方案，帮助他们快速成长；对于青年教师，我们设定明确的目标，并通过比赛来促进他们的培养；对于经验丰富的教师，我们进行分类推荐，实现经验共享；对于顶尖教师，我们提供个性化的舞台，让他们展示自己的特长。

推进教师评价改革，本质是重塑教育价值导向。通过师德引领筑牢根基，分层培养激活动能，科研反哺提质课堂，增值评价回归育人，最终形成“师德为魂、能力为本、发展为核”的区域评价生态。这需要教育行政部门、学校、教师、家长协同发力，行政部门做好顶层设计与资源供给，学校落实“一校一案”精准施策，教师主动参与评价标准制定，家长以“教育合伙人”身份监督赋能。正如教育部强调的“多元评价不是‘一把尺子’，而是让每个教师都能找到发展坐标”，唯有如此，才能让评价真正成为教师成长的“助推器”，为区域教育优质均衡发展注入持续动能。

参考文献

［1］王斌华.发展性教师评价制度［M].上海华东师范大学出版社，1998.

［2］侯光文.教育评价概论［M].石家庄：河北教育出版社，1996.

［3］陈玉琨.教育评价学［M].北京：人民教育出版社，2001.

［4］林崇德.教育与发展［M].北京：北京师范大学出版社，2004.

［5］陈向明.质的研究方法与社会科学研究［M].北京：教育科学出版社，2000.

［6］蒋建洲.发展性教师评价制度的理论与实践研究［M].长沙：湖南师范大学出版社，2000.

［7］陈永明.教师教育研究［M].上海：华东师范大学出版社，2003.

［8］梶田睿又一.教育评价［M].李守福，译.长春：吉林教育出版社，1988.

［9］阿莫纳什维利.孩子们，你们生活怎么样［M].北京：教育科学出版社，2002.

［10］李家成.论教育活动中他人评价与自我评价的结合［J].教育评论，1999，1（1）：12-15.

［11］刘淑杰.新课程理念下的教师教学评价方法探微［J].外国教育研究，1998，25（3）：45-49.

［12］赵希斌.国外发展性教师评价的发展趋势［J].比较教育研究，2003，25（1）：32-37.

［13］蔡永红.对教师绩效评估的回顾与反思［J].高等师范教育研究，

2001，13（5）：21-25.

［14］刘洁.试析影响教师专业发展的基本因素［J］.东北师大学报（哲学社会科学版），2004，34（6）：112-117.

［15］丁钢.教育经验的理论方式［J］.教育研究，2003，34（2）：45-50.

［16］熊梅.试探研究性学习的档案评价［J］.教育发展研究，2002，22（7）：68-72.

［17］马海涛.美国教学档案袋评价述评［J］.比较教育研究2004，26（1）：56-60.

［18］王小飞.英国教师评价制度的新进展——兼PRP体系计划述评［J］.比较教育研究，2002，24（3）：28-33.

［19］曾小东.对中小学教师绩效评价过程的梳理［J］.教师教育研究，2004，16（1）：44-48.

［20］罗小兰.教师胜任力研究的缘起、现状及发展趋势［J］.教育理论与实践，2007，27（27）：41-45.

［21］王萍，高陵飚.国外教师评价观研究启示［J］.教师教育研究，2010，22（1）：78-82.

［22］项必蒂.小学教师学习评量信念与实践之跨国比较研究——澳洲小学教师评量信念与实践之研究［A］.行政院国家科学委员会专题研究计划成果报告［R］.台北：行政院国家科学委员会，2001.

［23］王斌林.教师评价方法及其适用主体分析［J］.教师教育研究，2005，17（1）：34-38.

［24］陈柏华，徐冰欧.发展性教师评价体系的构建——教师专业素养的视角［J］.教育理论与实践，2006，26（5）：49-53.

［25］刘尧.发展性教师评价的理论与模式［J］.教育理论与实践，2001，21（12）：22-26.

［26］辛涛，申继亮，林崇德.从教师的知识结构看师范教育的改革［J］.高等师范教育研究，1999，11（6）：35-39.

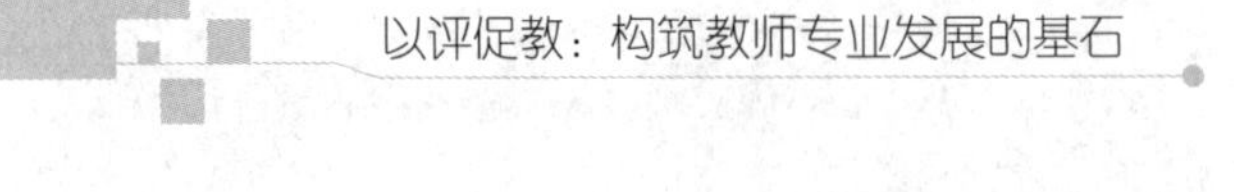

[27] 田静，生云龙，杨长清，等.国内高校教师评价体系的变迁历程与阶段特征 [J].清华大学教育研究，2006，27（2）：89-94.

[28] 司福亭.论发展性教师评价与专业发展 [J].教育理论与实践，2009，29（8）：37-41.

[29] 张俊友.客观教师发展性评价和教师绩效评价 [J].教育学报，2007，3（1）：65-69.

[30] 张其志.对发展性教师评价的审视与思考——与王斌华教授商榷 [J].教育实验研究，2005，21（1）：44-48.

[31] 代蕊华，王斌林.教师评价方法的选用标准 [J].教师教育研究，2006，18（2）：56-60.

[32] 侯金凯，万金雷.中小学教师的现状调查的个案研究——从促进教师专业发展的角度 [J].教师教育研究，2005，17（5）：23-27.

[33] 王少飞.教师评价范式转换中的教师素养框架 [J].教师教育研究，2009，21（2）：67-71.

[34] 田爱丽，张晓峰.对现行中小学教师评价制度的现状与分析 [J].教育理论与实践，2006，26（3）：42-46.

[35] 王斌华.教师评价模式：教学档案袋法 [J].教育理论与实践，2004，24（7）：33-37.

[36] 申继亮，孙秉海.教师评价体系内容之重建 [J].华东师范大学学报（教育科学版），2008，26（2）：55-60.

[37] 张学民，申继亮，林崇德.小学教师课堂教学能力构成的研究 [J].心理发展与教育，2003，19（3）：44-48.

[38] 林崇德，申继亮，辛涛.教师素质的构成及其培养途径 [J].中国教育学刊，1996，6（6）：16-22.

[39] 杜育红.教师评价注重绩效，还是促进发展 [J].教育理论与实践，2004，24（7）：38-42.

[40] 王斌华.奖惩性与发展性教师评价制度的比较 [J].上海教育科研，2007，27（12）：21-25.

［41］蔡宝来，车伟艳.英国教师课堂评价新体系：理念、标准及实施效果［J].全球教育展望，2008，37（1）：44-48.

［42］李文强.弱制度化背景下教师评价的异化困境与突破路径——基于12省中小学的实证研究［D].重庆：西南大学，2024.

［43］俞月琳.奖惩判决型教师评价的制度困境与破解路径研究［D].上海：华东师范大学，2023.

［44］张成武.我国新时代教师评价制度的效能重构与路径创新——基于制度变迁的实证研究［D].重庆：西南大学，2020.

［45］徐峥.区域教师评价改革的实践困境与突破路径——基于苏州市的田野研究［D].江苏：苏州大学，2022.

［46］俞月琳.双主体三维度视域下的基础教育教师评价改革研究——以湖州市为例［D].浙江：浙江师范大学，2021.

［47］董振华.新疆巴州基础教育教师专业发展评估的制度创新与实践路径——基于混合方法的实证研究［D].新疆：新疆师范大学，2022.

［48］侯定凯，万金雷.课程改革背景下教师评价体系的跨区域实证研究——基于沪桂两地基础教育机构的三维评估模型［J].教育发展研究（6），45-53.

［49］翁瑞军.职业初期教师评价体系的二维评估框架构建——基于6省市24所中学的实证研究［J].教育学术月刊，（9），67-74.

［50］李方强.基础教育评价中教师意愿的四维分析框架构建——基于小学教师的实证研究［J].教育发展研究，（12），78-85.

附 录

附件1：

教学评估量化评分表（课堂教学评估）

时间：　　　　　　　　　　课题：　　　　　　　　　　　　授课教师：

<table>
<tr><th colspan="3">评 价 指 标</th></tr>
<tr><td>教育理念（5分）</td><td colspan="2">面向全体学生，体现学习知识、培养能力与塑造健康人格的和谐统一；教法、学法具有明显的创新性，体现学思结合的教学理念。</td></tr>
<tr><td rowspan="3">教学设计（20分）</td><td colspan="2">教学目标能充分关注学生的学习基础，注重核心素养的培养，体现新课标要求，具有可操作性，切合学生实际。</td></tr>
<tr><td colspan="2">教学重点、难点把握准确，教学思路、层次清晰，教学结构设计合理，各教学环节的时间分配和衔接恰当。</td></tr>
<tr><td colspan="2">体现课堂有效性、策略性和方法性；给学生充分自主学习时间与空间。</td></tr>
<tr><td rowspan="4">教学活动（45分）</td><td>教学活动</td><td>师生有效互动，学生积极参与，学生活动能真正激发学生进行实质性深层思维。</td></tr>
<tr><td>课堂开放</td><td>课堂开放性强，且收放有度，引导学生主动学习、敢于质疑、乐于探究、勤于动手、注重学生获得知识的过程、方法及创新能力的培养。</td></tr>
<tr><td>面向全体</td><td>关注学生的学习经验和原有的认知水平；面向全体，因材施教，关注每个学生，体现学生的差异性和个性特征；学生积极思考，始终充满对知识的渴求与热爱。</td></tr>
<tr><td>教学评价</td><td>合理应用反馈、评价机制，使学生得到及时鼓励、肯定或纠正、指导。</td></tr>
</table>

续表

评价指标		
教学活动（45分）	资源运用	充分挖掘教材内外的课程资源，运用现代教育技术设备辅助教学，其呈现和利用便捷、恰当、充分。
	教学氛围	教学氛围宽松、民主、和谐，鼓励学生发言，激励学生思考，尊重学生意见，表扬学生进步，满足学生个性发展需要。教学活动进展有序、自然、流畅。
教学效果（30分）	目标达成	学生的基础知识与技能目标完全达成；学生思考能力、解决问题能力和情感态度得到一定发展与提升；教学目标的整体达成度高。
	课堂效率	采用的课堂教学模式与方法能体现新课标理念，课堂效率高，体现教师的改革与创新意识。
	特点突出	能结合本学科教学要求，凸显内容特点，做到一课一得。
备注	听课教师根据以上指标，对课堂教学进行准确评价。（总分：100） 等级及分值：优，90分以上；良好，89～85分；合格，70～84分；不合格，69分以下。	

课堂教学等级：________　课堂教学分数：________评价人：________

备课评估——教学设计得分（20分）：__________

附件2：

教学评估量化评分表（作业质量评估——语数英学科）

<table>
<tr><td>教师姓名</td><td colspan="2"></td><td colspan="2">评价时间
（学期）</td><td></td></tr>
<tr><td>任教年级</td><td colspan="2"></td><td colspan="2">任教学科</td><td></td></tr>
<tr><td>评价项目</td><td colspan="2">评估指标</td><td>权重</td><td>评分</td><td>详细情况</td></tr>
<tr><td rowspan="6">基础性
作业</td><td rowspan="4">教师批
阅情况</td><td>批阅及时、认真、全批
全改</td><td rowspan="4">40</td><td rowspan="2">期中：</td><td rowspan="6">期中：

期末：</td></tr>
<tr><td>批阅次数达标
（作文、数学本等）</td></tr>
<tr><td>批阅准确、规范
（逐题批阅，用规范的
批改标记）</td><td rowspan="2">期末：</td></tr>
<tr><td>二次批改及时</td></tr>
<tr><td rowspan="2">学生完
成质量</td><td>作业干净整齐
书写工整</td><td rowspan="2">10</td><td>期中：</td></tr>
<tr><td>错题更正及时</td><td>期末：</td></tr>
<tr><td rowspan="2">设计性
作业</td><td colspan="2">学校作业优化设计比赛</td><td>20</td><td></td><td></td></tr>
<tr><td colspan="2">综合性、素养类、跨学科作业设计</td><td>30</td><td></td><td></td></tr>
</table>

教学评估量化评分表（作业质量评估——音乐、美术学科）

<table>
<tr><td>教师姓名</td><td colspan="5"></td><td colspan="2">评价时间</td><td colspan="2"></td></tr>
<tr><td>测评班级</td><td colspan="5"></td><td colspan="2">班级人数</td><td colspan="2"></td></tr>
<tr><td rowspan="2">测评项目</td><td>基础性作业（70分）</td><td>抽测人数</td><td></td><td>达标人数</td><td></td><td>达标人数占比</td><td></td><td>得分</td><td></td></tr>
<tr><td colspan="7">综合性、素养类、跨学科作业设计（30分）</td><td>得分</td><td></td></tr>
<tr><td colspan="8">1. 抽测达标率占比达90%，评分70，低于一个百分点，扣2分，累计扣分。
2. 综合性、素养类、跨学科作业设计由本年级负责老师评定给分。</td><td>总分</td><td></td></tr>
</table>

附件3：

教学评估量化评分表（备课评估）

<table>
<tr><td>教师姓名</td><td></td><td>评价时间（学期）</td><td colspan="2"></td></tr>
<tr><td>任教年级</td><td></td><td>任教学科</td><td colspan="2">英语</td></tr>
<tr><td>评价部门</td><td>评估指标</td><td>权重</td><td>评分</td><td>备注</td></tr>
<tr><td rowspan="2">教务处（开学、期末教案检查后评估）</td><td>开学教案检查</td><td>20</td><td></td><td></td></tr>
<tr><td>期末教案检查</td><td>20</td><td></td><td></td></tr>
<tr><td rowspan="2">组长（学期末根据日常情况评估）</td><td>提前备课</td><td>20</td><td rowspan="2"></td><td></td></tr>
<tr><td>日常教案检查</td><td>20</td><td></td></tr>
<tr><td>评估小组（听课时评估）</td><td>针对评估课教学设计打分</td><td>20</td><td></td><td>课堂教学评估量化评分表上打分</td></tr>
</table>

附件4：

教学评估量化评分表（综合学科学业成效——信息科技）

<table>
<tr><td>教师姓名</td><td colspan="2"></td><td>评价时间</td><td colspan="3"></td></tr>
<tr><td>测评班级</td><td colspan="2"></td><td>班级人数</td><td colspan="3"></td></tr>
<tr><td>测评项目</td><td>达标学生
人数</td><td></td><td>达标学生占比</td><td></td><td>得分</td><td></td></tr>
<tr><td colspan="5">达标率达到95%，评分100，低于一个百分点，扣2分，累计扣分。</td><td>总分</td><td></td></tr>
</table>

教学评估量化评分表（综合学科学业成效——美术）

<table>
<tr><td>教师姓名</td><td colspan="2"></td><td>评价时间</td><td colspan="3"></td></tr>
<tr><td>测评班级</td><td colspan="2"></td><td>班级人数</td><td colspan="3"></td></tr>
<tr><td rowspan="2">测评项目</td><td>作品集总量
（70分）</td><td></td><td>作品集总量
占比
（总数/总人数）</td><td></td><td>得分</td><td></td></tr>
<tr><td>优秀作品集
数量
（30分）</td><td></td><td>优秀作品集
占比</td><td></td><td>得分</td><td></td></tr>
<tr><td colspan="5">1.作品集总量占比达95%，评分70，低于一个百分点，扣2分，累计扣分。
2.优秀作品集占比达30%，评分30，低于一个百分点，扣2分，累计扣分。</td><td>总分</td><td></td></tr>
</table>

教学评估量化评分表（综合学科学业成效——音乐）

<table>
<tr><td>教师姓名</td><td colspan="4"></td><td colspan="2">评价时间</td><td colspan="3"></td></tr>
<tr><td>测评班级</td><td colspan="4"></td><td colspan="2">班级人数</td><td colspan="3"></td></tr>
<tr><td rowspan="2">测评项目</td><td>课本歌曲演唱（80分）</td><td>抽测人数</td><td></td><td>达标人数</td><td></td><td>达标人数占比</td><td></td><td>得分</td><td></td></tr>
<tr><td colspan="7">合唱节活动效果
（20分）</td><td>得分</td><td></td></tr>
<tr><td colspan="8">1. 课本歌曲抽测达标率达到90%，评分80，低于一个百分点，扣2分，累计扣分。
2. 合唱节活动效果由评估组综合评定给分。</td><td>总分</td><td></td></tr>
</table>

教学评估量化评分表（综合学科学业成效——花样跳绳）

<table>
<tr><td>抽测年级</td><td>抽测班级</td><td>班级人数</td><td>测评项目</td><td>抽测人数</td><td>达标人数</td><td>达标人数占比</td><td>得分</td></tr>
<tr><td rowspan="2">一年级</td><td rowspan="2"></td><td rowspan="2"></td><td>并脚跳</td><td></td><td></td><td></td><td></td></tr>
<tr><td>开合跳</td><td></td><td></td><td></td><td></td></tr>
<tr><td rowspan="2">二年级</td><td rowspan="2"></td><td rowspan="2"></td><td>弓步跳</td><td></td><td></td><td></td><td></td></tr>
<tr><td>并脚左右跳</td><td></td><td></td><td></td><td></td></tr>
<tr><td rowspan="2">三年级</td><td rowspan="2"></td><td rowspan="2"></td><td>吸腿跳</td><td></td><td></td><td></td><td></td></tr>
<tr><td>弹踢腿跳</td><td></td><td></td><td></td><td></td></tr>
<tr><td rowspan="2">四年级</td><td rowspan="2"></td><td rowspan="2"></td><td>手臂缠绕</td><td></td><td></td><td></td><td></td></tr>
<tr><td>前后转换</td><td></td><td></td><td></td><td></td></tr>
</table>

续表

抽测年级	抽测班级	班级人数	测评项目	抽测人数	达标人数	达标人数占比	得分
五年级			提膝侧点跳				
			吸踢腿跳				
六年级			腿下交叉				
			侧摆交叉				

注：每个项目达标率达到90%，评分50，低于一个百分点，扣2分，累计扣分。

教学评估量化评分表（综合学科学业成效——体育）

<table>
<tr><td>教师姓名</td><td colspan="3"></td><td colspan="2">评价时间</td><td colspan="4"></td></tr>
<tr><td>抽测年级</td><td colspan="3">一年级</td><td colspan="2">抽测班级</td><td colspan="4"></td></tr>
<tr><td rowspan="2">抽测项目</td><td>投掷(50分)
(投掷沙包)</td><td>测评人数</td><td></td><td>达标人数</td><td></td><td>达标人数占比</td><td></td><td>得分</td><td></td></tr>
<tr><td>技巧(50分)
(翻滚)</td><td>测评人数</td><td></td><td>达标人数</td><td></td><td>达标人数占比</td><td></td><td>得分</td><td></td></tr>
<tr><td colspan="8">1. 投掷:设置达标线,投掷沙包过线即为达标。
2. 技巧:按照标准完成相应动作即为达标。
注:每个项目达标率达到90%,评分50,低于一个百分点,扣2分,累计扣分。</td><td>总分</td><td></td></tr>
</table>

教学评估量化评分表（综合学科学业成效——体育）

<table>
<tr><td>教师姓名</td><td colspan="3"></td><td>评价时间</td><td colspan="5"></td></tr>
<tr><td>抽测年级</td><td colspan="3">二年级</td><td>抽测班级</td><td colspan="5"></td></tr>
<tr><td rowspan="2">抽测项目</td><td>跳跃与游戏(50分)
(跳单双圈与游戏)</td><td>测评人数</td><td></td><td>达标人数</td><td></td><td>达标人数占比</td><td></td><td>得分</td><td></td></tr>
<tr><td>小篮球(50分)
(原地多姿势拍球)</td><td>测评人数</td><td></td><td>达标人数</td><td></td><td>达标人数占比</td><td></td><td>得分</td><td></td></tr>
<tr><td colspan="8">1.跳跃与游戏(跳单双圈与游戏):按照标准完成相应动作即为达标。
2.小篮球(原地多姿势拍球):按照标准完成相应动作即为达标。
注:每个项目达标率达到90%,评分50,低于一个百分点,扣2分,累计扣分。</td><td>总分</td><td></td></tr>
</table>

教学评估量化评分表（综合学科学业成效——体育）

<table>
<tr><td>教师姓名</td><td colspan="3"></td><td>评价时间</td><td colspan="5"></td></tr>
<tr><td>抽测年级</td><td colspan="3">三年级</td><td>抽测班级</td><td colspan="5"></td></tr>
<tr><td rowspan="2">抽测项目</td><td>技巧(50分)
(前滚翻)</td><td>测评人数</td><td></td><td>达标人数</td><td></td><td>达标人数占比</td><td></td><td>得分</td><td></td></tr>
<tr><td>投掷(50分)
(投掷垒球)</td><td>测评人数</td><td></td><td>达标人数</td><td></td><td>达标人数占比</td><td></td><td>得分</td><td></td></tr>
<tr><td colspan="8">1.技巧(前滚翻):按照标准完成相应动作即为达标。
2.投掷(投掷垒球):设置达标线,投掷过线即为达标。
注:每个项目达标率达到90%,评分50,低于一个百分点,扣2分,累计扣分。</td><td>总分</td><td></td></tr>
</table>

教学评估量化评分表（综合学科学业成效——体育）

教师姓名				评价时间					
抽测年级	四年级			抽测班级					
抽测项目	跳跃(50分)（立定跳远）	测评人数		达标人数		达标人数占比		得分	
	技巧(50分)（跪跳起）	测评人数		达标人数		达标人数占比		得分	
1.跳跃(立定跳远):设置达标线,立定跳远过线即为达标。 2.技巧(跪跳起):按照标准完成相应动作即为达标。 注:每个项目达标率达到90%,评分50,低于一个百分点,扣2分,累计扣分。								总分	

教学评估量化评分表（综合学科学业成效——体育）

教师姓名				评价时间					
抽测年级	五年级			抽测班级					
抽测项目	小足球(50分)（脚背正面传球、脚内侧接球）	测评人数		达标人数		达标人数占比		得分	
	小篮球(50分)（体前变向换手运球）	测评人数		达标人数		达标人数占比		得分	
1.小足球(脚背正面传球、脚内侧接球):脚背正面传球至相应区域,脚内侧成功接球即为达标。 2.小篮球(体前变向换手运球):按照标准完成相应动作即为达标。 注:每个项目达标率达到90%,评分50,低于一个百分点,扣2分,累计扣分。								总分	

教学评估量化评分表（综合学科学业成效——体育）

<table>
<tr><td>教师
姓名</td><td colspan="3"></td><td>评价时间</td><td colspan="5"></td></tr>
<tr><td>抽测
年级</td><td colspan="3">六年级</td><td>抽测班级</td><td colspan="5"></td></tr>
<tr><td rowspan="2">抽测项目</td><td>小篮球(50分)
(单手肩上投篮)</td><td>测评
人数</td><td></td><td>达标
人数</td><td></td><td>达标人
数占比</td><td></td><td>得分</td><td></td></tr>
<tr><td>小足球(50分)
(运球绕杆射门)</td><td>测评
人数</td><td></td><td>达标
人数</td><td></td><td>达标人
数占比</td><td></td><td>得分</td><td></td></tr>
<tr><td colspan="8">1.小篮球(单手肩上投篮):单手肩上投篮投中即为达标。
2.小足球(运球绕杆射门):运球绕3杆成功射门即为达标。
注:每个项目达标率达到90%,评分50,低于一个百分点,扣2分,累计扣分。</td><td>总分</td><td></td></tr>
</table>